子どもが理科に夢中になる授業

向山洋一 監修
小森栄治 著

まえがき

　理科好きな子どもをたくさん育てたい。日本中の子どもたちを理科好きにしたい。しかし、とうてい私ひとりでできることではない。
　そこで私は28年間勤めた中学校教師を辞めて、理科好きな子どもを育てる先生方を支援するために「日本理科教育支援センター」を立ち上げた。（科学技術振興機構ＪＳＴの理科教育支援センターと名前が似ているが別のものである）
　先生方や先生を目指す学生を理科好きにする仕事である。私が諸先輩から教えていただいたさまざまな観察実験のノウハウ、自分で工夫した指導法を先生方、次世代の教育をになう学生に伝えようと活動している。
　各地での理科教育推進実験セミナーや株式会社ナリカでのナリカ・サイエンス・アカデミー等では、参加者に実際に体験していただき、理科の楽しさを味わっていただくとともに、安全にうまく実験をする方法、子どもたちが納得して理解できる指導法を習得していただけるようにしている。
　本書は、そのような取り組みの中でお伝えしていることをテキスト化したものといってもよい。
　内容は、小学校理科を中心に、先生方からの問い合わせや相談の多い領域についてまとめてある。顕微鏡観察の指導法やヘッド・アース・モデルなどは、中学校の理科授業にも大いに役立つ「目からウロコの指導法」と自負している。
　本書を読んだ先生方の理科授業で、子どもたちが驚きや感動の声を上げて理科のおもしろさを味わえたら、これにまさる喜びはない。

2012年3月　小森栄治

目 次

	まえがき		2
化学	1	化学実験で気をつけるポイント	6
化学	2	実験器具の規格を統一しよう　〜小森のおすすめ規格〜	8
化学	3	あると便利な小森おすすめの便利グッズ	10
化学	4	加熱器具を使うときに気をつけること	12
化学	5	あると便利な加熱器具	14
化学	6	水の沸騰する温度が100℃にならないわけ	16
化学	7	湯気は見えるけど水蒸気は目に見えない	18
化学	8	蒸発と沸騰の違い	19
化学	9	水が凍ると体積が増える	20
化学	10	ものの溶け方を調べる　〜無色と透明は違う〜	22
化学	11	溶けているものを取り出す実験のコツ	23
化学	12	空気の成分　〜二酸化炭素は意外と少ない〜	24
化学	13	酸素とものの燃えかた	26
化学	14	簡単な装置で二酸化炭素をつくろう	28
化学	15	火が消えれば二酸化炭素なのか？	29
化学	16	呼吸に関係ない窒素は役に立たない？	30
化学	17	ブタンという気体を知っていますか？	31
化学	18	水素の中でろうそくの火はどうなる？	32
化学	19	石灰水は簡単に作れる	34
化学	20	身近な酸、アルカリ	36
化学	21	サンポールは塩酸なのに鍵をかけてしまわなくていいの？	37
化学	22	リトマス紙は何から作る？	38
化学	23	リトマス紙以外の酸アルカリ指示薬	39
化学	24	ＢＴＢ溶液で化学マジック	40
化学	25	ＢＴＢ溶液は粉末から作ると割安	42
化学	26	指示薬を入れておくと便利な容器	43
化学	27	紫キャベツから指示薬をつくろう	44
化学	28	ハーブティーで指示薬	46
化学	29	カレー粉や紫いもパウダーの色が変わる	47
化学	30	「酸は酸っぱい」を味わう	48
化学	31	濃塩酸の開封にご用心	50
化学	32	塩酸を水で薄める割合	51
化学	33	水酸化ナトリウム水溶液のつくり方	52
化学	34	酸よりアルカリが危ない　〜葉脈標本作りに注意〜	54
化学	35	季節によって反応のようすが変わる	56
化学	36	水溶液の濃さや金属の状態で反応のようすが変わる	57
化学	37	酸とアルカリを混ぜると？	58
化学	38	最強の酸・王水	60
化学	39	薬品取り扱いや実験準備に役立つサイトなど	62

物理	1	物理実験で気をつけるポイント	64
物理	2	豆電球の中はどうなっている？	66
物理	3	電気を通すもの・通さないもの	67
物理	4	乾電池の直列つなぎと並列つなぎ	68
物理	5	豆電球の直列つなぎと並列つなぎ	69
物理	6	発電機とモーターは同じ	70
物理	7	手回し発電機の実験で気をつけること	72
物理	8	ハイブリッド自動車の原理を実験で体感	74
物理	9	電気による発熱実験で気をつけること	76
物理	10	電気による発熱の自作教材	78
物理	11	電気で熱を運ぶ	79
物理	12	太陽電池と乾電池の違い	80
物理	13	燃料電池の原理	82
物理	14	ふりこの実験のコツ	84
地学	1	太陽の大きさ、宇宙の距離感を実感させよう	86
地学	2	宇宙の学習を教室で実験　ヘッド・アース・モデル1	88
地学	3	方位を理解させるために　ヘッド・アース・モデル2	90
地学	4	理科室を宇宙にしよう　ヘッド・アース・モデル3	92
地学	5	時刻と地球の自転を確かめる　ヘッド・アース・モデル4	94
地学	6	月の見え方を確かめる　ヘッド・アース・モデル5	96
地学	7	月食と日食を確かめる　ヘッド・アース・モデル6	98
地学	8	机の上で火山が噴火!?	100
地学	9	本物の火山灰を観察しよう	102
地学	10	鉱物を割って観察しよう	103
地学	11	ホームセンターで岩石探し	104
地学	12	粉末花こう岩を鉱物に分類しよう	105
地学	13	土の中に宝石のような鉱物がある	106
地学	14	河原の石が丸くなるしくみを実験しよう	108
地学	15	砂を顕微鏡で見てみよう	110
地学	16	本物の化石の魅力	112
地学	17	マグニチュードと震度の違い	114
地学	18	緊急地震速報のしくみ	115
地学	19	地震波をモデル実験で見せよう	116
生物	1	顕微鏡を最初に使うときの指導法	118
生物	2	顕微鏡できれいに見るコツ	120
生物	3	デジタルカメラで顕微鏡写真を撮ろう	122
生物	4	顕微鏡選びのポイント　～見え方は値段相応～	124
生物	5	たかがチューリップ、されどチューリップ	126
生物	6	種ができる？できない？	128
生物	7	植物のどこを食べている？	129
生物	8	バナナのでんぷんを顕微鏡で観察しよう	130
生物	9	水の通り道を観察しよう	132

生物 10	葉の気孔を観察しよう	134
生物 11	サクラの葉脈を描いてみよう	136
生物 12	ひっつき虫が服に付くしくみを見よう	138
生物 13	だ液の実験をスマートに	140
生物 14	消化と吸収を分子の目で見ると	142
生物 15	下痢をしたら水を飲む？　〜水分の吸収〜	144
生物 16	日米うんこ比べ	145
生物 17	体内の血液量と血管の長さ	146
生物 18	心臓が送り出す血液の量を計算しよう	147
生物 19	ドジョウで血液の流れを観察しよう	148
生物 20	本物の心臓を観察しよう	150
生物 21	ニワトリの脳を観察しよう	152
生物 22	体内最大の化学工場・肝臓	154
生物 23	グリコとグリコーゲン	155
総合 1	ピーナツでお湯が沸く！	156
総合 2	人間のはく二酸化炭素で地球温暖化になるか？	158
総合 3	ｐｐｍって何だろう？	160
総合 4	マツの葉っぱで環境調査	162
総合 5	パックテストでＣＯＤをはかろう	163
総合 6	地球温暖化でツバルが沈むはウソ？	164
授業づくり 1	教材研究・授業づくりのポイント	166
授業づくり 2	理科教師は寿司職人　〜ネタの仕入れからお店の経営まで〜	168
授業づくり 3	小森の教師修業　〜出会いが人生を豊かに変える〜	170
授業づくり 4	小森のライフワーク　〜理科好き100万人計画〜	172
授業づくり 5	笑顔で楽しそうに授業しよう　〜あとがきにかえて〜	173
索引		174

謝辞

　本書に掲載した実験器具の写真は、株式会社ナリカからご提供いただいている。ナリカには、ナリカ・サイエンス・アカデミーをはじめ、理科教育推進実験セミナー等を全面的にバックアップしていただいている。ここに記してお礼申し上げる。

　表紙等にある私のイラストは、教え子である岩野紀子さんに描いていただいた。私もとても気に入っているイラストである。

　ＴＯＳＳ代表の向山洋一先生には、授業技量や指導法について常々、温かくも厳しくご指導いただいている。本書を監修いただき、光栄である。

　本書の企画は、5年ほど前に青木誠一郎氏（現・学芸みらい社社長）からいただいていた。青木氏の粘り強い励ましなくして、刊行はできなかった。

　心より御礼申し上げる。

化学 -1

全学年

化学実験で気をつけるポイント

　混ぜると気体が発生して泡が出たり、色が変わったりするような化学実験をしていると、子どもたちは科学者になったような気分を味わえる。子どもたちは、化学実験が大好きである。
　ただし、そのような実験のある授業をする前に、先生は薬品を適切な濃度に溶かしたり、薄めたりする必要がある。慣れていないと、白煙を上げる塩酸を薄めるのに、恐怖心を感じる。
　しかし、正しい扱い方、実験方法を知っていれば、大丈夫。知らないのに、平気で実験をしてしまうのが一番危ない。
　「危険であることを忘れないうちは、安全である」
　陸上競技用紙雷管のパッケージに印刷してある言葉だ。このことは、化学実験についてもあてはまる。
①化学実験は、小規模に
　薬品の量は少ない方がよい。濃度も可能な範囲で薄い方がよい。事故防止になるし、廃液が少なく環境汚染も少なくなる。
　薬品の濃度が濃いと、反応が激しくなり薬品が飛び散ったり、器具が破損する危険がある。また、万一、手についたり、目に入ったりしたときの危害が大きくなる。
　「薄い」塩酸といっても、実験によって最適な濃度は異なる。本書57ページを参考にして調整するとともに、授業前に予備実験をしておこう。
②ガラス器具の扱いに注意
　ひびが入っているビーカーや試験管は、実験中に割れることがあり危険である。ちょっとぐらい平気と思わないで、ひびが入っているガラス器具は廃棄しよう。

また、ガラス器具を乱暴に机においたりする子どもがいる。プラスチックと違い、ガラスは割れやすいことを教える必要がある。

③火を使う実験に注意

家庭でマッチを使うことがほとんどない。オール電化でガスコンロがない家もある。子どもたちは火の取り扱いに慣れていない。

マッチのつけ方や持ち方などを教えて、時間をかけて練習させる必要がある。私は、次のような「火の用心四か条」を徹底していた。

1　いすは中、全員立って実験だ。
2　ぬれぞうきん、燃え差し入れを用意する。
3　余計なものは置きません。
4　事故が起きてもあわてない、騒がない。

また、加熱直後の熱い器具を、不用意に触って火傷をする子どももいる。熱いかどうかは、目で見ただけではわからない。「注意の心で見る」と私は指導していた。

④保護めがね（安全めがね）をかけよう

目を保護するために、学習指導要領解説や教科書に、保護めがねの着用が明記されている。薬品や火を扱う実験では、教師も児童も全員が保護めがねを着用して実験する必要がある。

児童用の小さい保護めがねが、理科教材会社から販売されている。

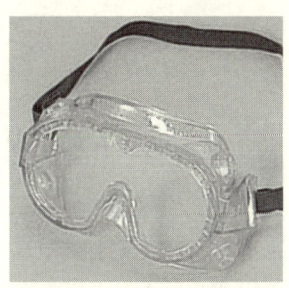

水中めがねタイプ（写真上）は安価であるが、暑い時期には湿気がたまって曇ることがある。

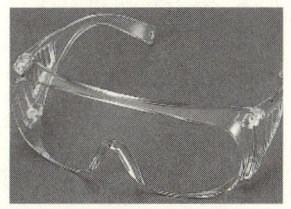

めがねタイプ（写真下）の方が、かけていて違和感が少ない。

化学-2

全学年

実験器具の規格を統一しよう　～小森のおすすめ規格～

　カタログにはさまざまなサイズの試験管やビーカーなどが載っている。購入の際に規格を統一しないと、理科室での管理や授業にさしつかえる。

　たとえば、試験管のサイズが無秩序にいくつもあると、それに合うゴム栓も何種類も必要になる。

　私は、購入の際に規格がぶれないよう、カタログに赤の油性ペンで「これ」というものに印をつけていた。小森が一押しの規格を紹介する。

①試験管

　直径16.5mm、長さ16.5cmのものがよい。このサイズの試験管にあうゴム栓の大きさ（号数）は、No.1である。

　また、丸底フラスコで行うような実験は、直径30mm、長さ20cmの太い試験管で代用することができる。ゴム栓は、No.9があう。

　試験管は、フラスコより丈夫である。児童たちの実験ではフラスコよりこのサイズの試験管を使うことをおすすめする。

　ワンポイントアドバイス　古い試験管は一輪挿しに

　現在、売られている試験管は、ほとんど全部、パイレックスなど硬質1級という、丈夫なガラスでできている。しかし、ときとして何十年も前の強度不足の薄い試験管がまだ残っていることがある。そのような試験管は、カラー針金を巻いてフックにして、一輪挿しにして利用しよう。

②ビーカー

　ガラスのビーカーは、100cm³と300cm³の2種類だけでよい。何種類もあると、保管がたいへん。大型のビーカーに水をいっぱい入れると、重くなり置くときに、ていねいに扱わないと割れることがある。1000cm³以

化学

上のガラス製ビーカーは、特に割れやすい。

上記2種類のガラス製ビーカーのほかに、プラスチック製のビーカーを用意しておくとよい。児童用に500cm^{3}を班の数ぐらい、教師用に2Lの取っ手付きが数個あると便利だ。

プラスチックのビーカーでは、TPXビーカーというポリメチルテンペン製のものが透明度がよい。ただし、火にかけることはできないので注意してほしい。

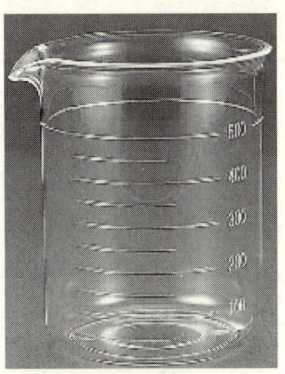

TPXビーカー

③ろうと

口径9cmのプラスチック製のハイスピードろうとがおすすめである。

ろ紙は直径15cmのものがあう。

ハイスピードろうとは、内側にらせん状の出っぱりがあり、従来のろうとに比べて半分の時間でろ過できる。

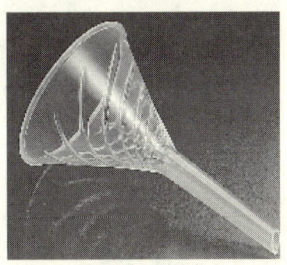

ハイスピードろうと

しかも、ポリプロピレン製なので落としても割れないし、値段が安い。同じサイズのガラス製ろうとが約800円なのに対して、約160円。5分の1の値段だ。

④ガラス管

ゴム栓に通して使ったりするガラス管も、直径が統一されていないと穴のサイズやゴム管のサイズが定まらない。おすすめは外径6mmである。長さ38cmで売られているので、半分に切って使うとよい。教材会社では、L字に曲げてあるガラス管を売っているが、その外径も6mmである。

この外径のガラス管にあうゴム管は、内径5mm（外径7mm）である。

ただし、小森のおすすめは、ゴム管ではなくビニル管である。透明で中が見える。さらに、折り曲がったときにつぶれず、気体の流れをとめることがない。ゴム管だとつぶれて、圧が高まりゴム栓ごと飛ぶ危険がある。

9

子どもが理科に夢中になる授業

化学 -3　　　　　　　　　　　全学年

あると便利な小森おすすめの便利グッズ

　理科準備室にあると便利な道具類を紹介する。いずれも小森が愛用しているものである。

①ゴム栓ゲージ　約800円

　ゴム栓は、はめたときに約半分が外に出ているぐらいがちょうどよいサイズである。適正サイズより小さいゴム栓を使うと、中に入って出てこなくなることがある。

　このゲージを試験管やフラスコ、びんなどの口にはめると、適合するゴム栓のサイズがわかる。

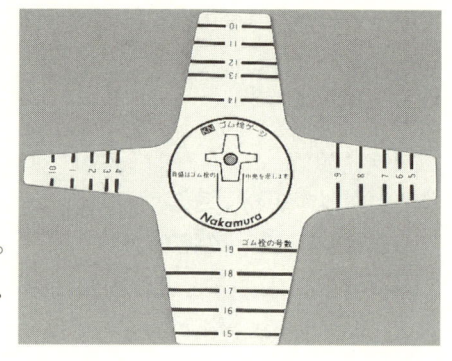

②ガラス管切り　約2000円

　鉄製やすりよりずっと簡単にガラス管を切ることができる。

　このガラス管切りは、回転式の刃がついている。ガラス管をはさんでキリキリと傷をつけながら回転させる。そのあと、傷の左右に親指をあてて押し出すようにすると、ポキッときれいに折れる。

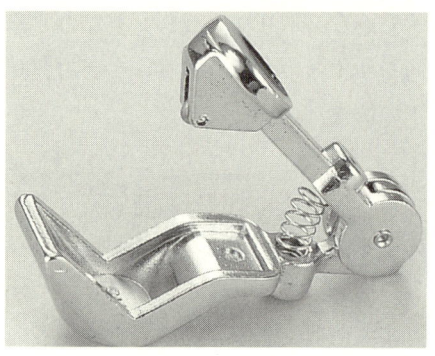

　切り口は、ガスバーナーで加熱して丸めておく。その際、急冷は厳禁。セラミック付き金網などの上に置いてゆっくり冷ます。

③ガス残量チェッカー　約4500円

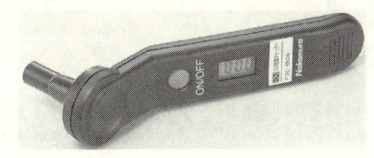

　実験用気体のガスボンベは、振っても音がするわけでもなく、残量がわからない。シューと出して確認するのは無駄づかいでもったいない。
　このチェッカーをガスの出口に押し当ててボンベの圧力を測ると、裏面にある換算表で、あと何リットル使えるかおよその量がわかる。

④フィルムケース　廃物利用

　砂糖や食塩などを班別に小分けするのに便利。

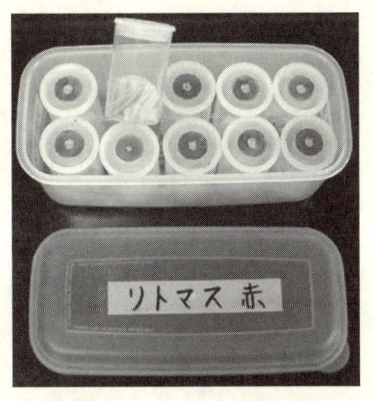

　私はリトマス紙を2分の1、あるいは3分の1に切り、フィルムケースに入れておいた。同じ値段で、より多くの子どもたちが実験できる。
　最近は大量に入手しにくくなっている。プッシュバイアルびんというフィルムケースに似たものが販売されている。直径3cm、高さ約6cmのものが、50個で約3000円である。

⑤マグネットスターラー　約1万円

　自動かき混ぜ機である。マグネチックスターラーともいう。テフロン加工された磁石（かくはん子、回転子）をビーカーに入れ、スターラーに載せれば、磁力で回転してかき混ざる。教師が実験用に大量に水溶液を作るときなど、とても便利である。

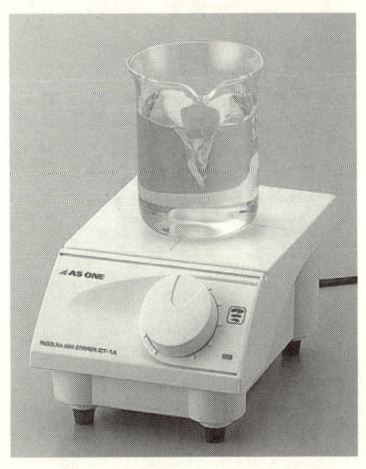

化学-4

全学年

加熱器具を使うときに気をつけること

　理科実験では、お湯を使ったり、加熱する場面がたくさんある。加熱器具の留意点を紹介する。

①アルコールランプ

　アルコールランプは、もらい火をしたり、火のついたまま転倒させたりすると、こぼれ出したエタノールに火がついてたいへん危険である。

　また、エタノールの量にも気をつけなくてはならない。半分以上、八分目以下が適正量だ。アルコールが少なくなった状態で点火すると、中にたまっている気化したエタノールに引火して、上部が飛ぶこともある。特に夏休み明けにこの事故が起こりやすいので、使用する前に点検してエタノールを補充する必要がある。

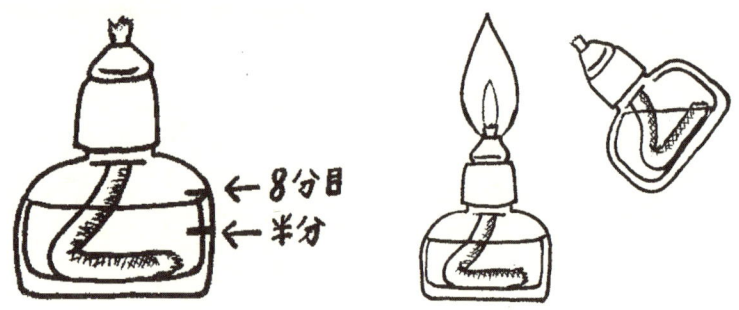

エタノールの適正量　　　　危ない！もらい火禁止

　小学校の理科室に必ずある加熱器具だが、火力は弱いし、危険は大きい。子どもたちが、アルコールランプやアルコールで火遊びをすることがある。その火遊びから、大やけどや死亡事故すら起きている。使う際には、危険性を子どもたちに伝え、間違った使い方や、火遊びをしないように注意する必要がある。また、アルコールランプやアルコールのびん、マッチなど

の管理に気をつけて、子どもたちがいたずらしないようにしたい。

②ガスバーナー

　小学校でも、中学校と同じようにガスバーナーを使っているところもあるようだ。台所のガスレンジと違い、自動点火でないうえに、点火までの点検や操作に慣れる必要があるので、実験頻度が少ない小学生には使いにくい。次に紹介する実験用ガスコンロをおすすめする。

③実験用ガスコンロ

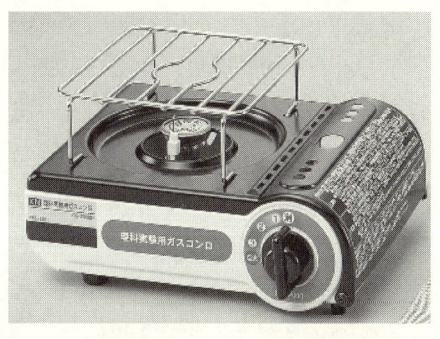

　食卓で使うカセットボンベ式のガスコンロと似たような作りだが、本体が一回り小さく場所をとらない。

　また、バーナー筒が小さくなっていて、炎が広がらずに集中して燃えるようになっている。火力は、アルコールランプより強い。

　便利で安全なのが、載せ台付きであることだ。アルコールランプやガスバーナーでビーカーを加熱する際には、三脚を使うが、そうすると、熱湯が高い位置にあり、危ない。

　それに対して、実験用ガスコンロは、取り外し式の低い載せ台があり、安定性がよい。試験管を加熱する際は、載せ台を外して使用する。

 ワンポイントアドバイス　起毛の服は火気厳禁

　アルコールランプや実験用ガスコンロのように、炎の出る加熱器具を使う場合は、子どもたちの服にも注意が必要である。

　冬は特に注意が必要だ。フリースなど繊維が毛羽立っている起毛の服は、たいへん引火しやすい。あっという間に全身に燃え移ってしまう。

　これは、理科室だけでなく、台所やたき火でも同じだ。起毛の服を着て、裸火を扱ってはいけない。

化学-5

全学年

あると便利な加熱器具

　教科書には載っていないけれど、理科室にあると便利な加熱器具を紹介する。台所にある加熱器具（中古でよい）が、使えることが多い。

①電気ポット
　子どもたちの実験で、水をビーカーに入れてお湯にするまで加熱すると時間がかかる。電気ポットからビーカーにお湯を取り分けると時間短縮になる。ただし、子どもたちが熱湯を持ち運ぶのは危ない。半分ぐらいの水で沸かした後、ポットに水を入れて冷まし、50～60℃程度にして配るとよい。

②電気炊飯器
　炊飯器に水だけ入れて「炊飯」ボタンを押すと、短時間でお湯が沸く。ひしゃくでビーカーに取り分ける。光合成の実験でエタノールで葉の緑を脱色する際に炊飯器が使える。試験管にエタノールと葉を入れ、炊飯器のお湯につけて加熱する。ビーカーにお湯を入れて脱色しようとしても、お湯が冷めてしまうが、炊飯器なら常に温度が高いので、よく脱色できる。

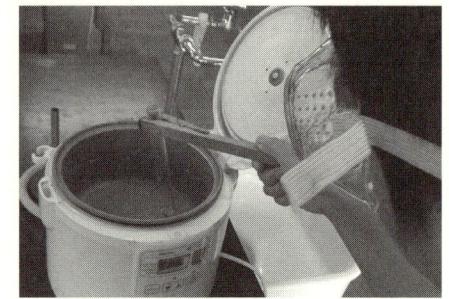

　また、カルメ焼きを作った後のおたまを、炊飯器のお湯に入れてすすぐとすぐにきれいになる。

 ワンポイントアドバイス　**複数使う際の注意**

　電気ポットや炊飯器などは、消費電力が大きい。1台がおよそ1000ワットだ。電流は10アンペア程度になる。理科室の実験机のコンセントは、

いくつかの机で並列につながっている。1つの系統のブレーカーは20アンペアのことが多い。同じ系列のコンセントに、炊飯器を2台つないでスイッチを入れると、ブレーカーが落ちて停電してしまう。系列ごとに1台にしておくとよい。どのように配線されているか不明のときは、電球などの電気器具をコンセントにつないで、理科準備室などにある配電盤のブレーカーを1つずつOFFにしてみて、消えるかどうか確かめるとよい。

③ホットプレート

炎を出さず、温度調節しながら加熱できるので便利だ。キャンドルづくりやべっこう飴作りなどに利用できる。私は、中学校でロウの状態変化の実験の際、ビーカーに入れたロウをホットプレートで加熱してとかして使っていた。

また、100ワット程度の保温用ホットプレートは、スライドガラスに滴下した水溶液を蒸発させる実験に使える。今はほとんど見かけないが、リサイクルショップに安く出ていることがある。

 ワンポイントアドバイス　キャンドルづくり

ロウを空き缶などに入れ、ホットプレートで加熱してとかし、削ったクレヨンを加えて着色する。(高温になりすぎるときは湯煎(ゆせん)にする。)

たこ糸などを芯にして、フィルムケースなどに流し込んで冷やせばオリジナルキャンドルができる。いろいろな色のロウを少しずつ入れていくと虹色のようなキャンドルができる。

④投げ込みヒーター(写真)

ビーカーの水に直接入れて加熱するので、数分で水が沸騰する。

旅行用携帯湯沸かし器も同様に使える。

⑤電磁調理器

炎が出ないので引火の心配がない。

教室でヤカンの口から湯気が出るようすなどを見せるのに使える。

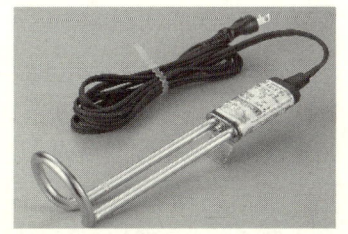

化学-6

小4、中1

水の沸騰する温度が100℃にならないわけ

「水の3つのすがた」では、水が沸騰する温度を調べる。実験しても、沸騰する温度は100℃にはならないことが多い。原因はいくつかある。

①温度計の誤差

学校で使っている棒温度計は、それほど正確ではない。同じ温度の水につけて、示している温度を見ると2℃以上違っているものもある。

液が切れているものは、正確に測れないので廃棄する。

②室温で冷やされる

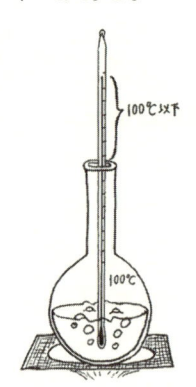

棒温度計は、赤い液体があるところまで、測る温度になっているときに正確な温度を示すようにできている。

フラスコの口から出ている部分は、100℃以下なので、液が冷やされて低めになることが多い。

この誤差を防ぐには、強熱して水蒸気が激しく吹き出し温度計全体が熱くなるような状態で測定するとよい。

③気圧の影響

水が沸騰する温度は、1気圧（1013hPa＝ヘクトパスカル）では100℃であるが、低気圧がきていたり、海抜高度が高く気圧が低かったりすると、それより低くなる。

気圧は海抜高度が10m増すごとに約1hPa下がる。そして、沸点は1hPaごとに約0.027℃下がる。つまり、海抜高度が100m増えるごとに約0.3℃沸点が下がる。海抜300mでは約99℃、海抜600mでは約98℃で水が沸騰する。平地でも低気圧が近づいていて、気圧が990hPaなら、約99℃で沸騰する。

ワンポイントアドバイス　沸騰石をあとから入れるのは危険！

　この実験では、フラスコの中に沸騰石を入れて加熱する。そうしないと、100℃を超えても沸騰が始まらず、たたいたりした刺激で突然沸騰することがあり危険である。入れ忘れたからといって、途中で追加するのも危険である。入れたとたんに激しく沸騰が始まることがある。加熱開始前に、沸騰石が入っているか、確認するようにしたい。

ワンポイントアドバイス　アルコール温度計はウソ？

　「ガラスの棒状温度計に入っている赤い液体は何か」と、大学生に聞くと「水銀」という答えが多く、驚く。水銀は、銀色をしている。かつて体温計に使われていたが、今は電子体温計になり、家庭では水銀の温度計を見ることは、ほとんどない。

　アルコール温度計という商品名で売られていることもあるが、あの赤い液体は、赤く着色した灯油である。間違って割ってしまったときに、臭いをかげば、灯油の臭いがする。水に入れると油滴が浮く。

　エタノールを入れた温度計もあるが、測定範囲は－50～50℃程度である。灯油（白灯油、ケロシン）の温度計は、－30～200℃の測定が可能である。

小森のエピソード　デジタル温度計で沸騰する温度を測定

　同様の実験は、中学1年の状態変化の学習でも行う。水を加熱し、試験管に入れたエタノールの温度変化と沸騰する温度を調べる実験だ。

　私は、投げ込みヒーターとマグネットスターラー、2台のデジタル温度計を使い、演示実験で行っていた。デジタル温度計を使えば、16ページの①と②による誤差が少なくなるからだ。

　CCDカメラ（教材提示装置）でようすを映し出しながら、2人の生徒に、それぞれ水とエタノールの温度を1分ごとに読み上げてもらい、記録する。300ワットの投げ込みヒーターを使うと、300mLの水が数分で沸騰するので、実験時間の短縮にもなる。

化学 -7

小4、中2

湯気は見えるけど水蒸気は目に見えない

　テレビでアナウンサーが「煙突からさかんに水蒸気が出ているのが見えます」などと言っていることがある。モクモクと出ている白い煙のように見えるものは、雲と同じで細かい水滴、液体の水である。だから、煙突から少し離れると、蒸発して見えなくなってしまう。

　私は、中学2年の天気の学習で、湿度など水蒸気について実験する前に、次のように導入していた。

　教卓に沸騰してさかんに湯気が出ているヤカンを置いた状態で、「水蒸気は目に見えるか？見えないか？」と発問する。そうすると、中学生でもほとんどの生徒が「目に見える」と、間違って答える。

　理由を発表させると、「ヤカンから水蒸気が出ているのが見える」と言う。湯気＝水蒸気と勘違いしている。

　湯気の後ろに黒い紙を置いてよく見ると、細かい水滴が見える。霧のときも、よく見ると粒々が見える。湯気も霧も雲も、小さな水滴が空中に浮いているのだ。

雲や霧の粒　半径約0.01mm

雨粒　半径約1mm

雲や霧、雨粒の大きさの比較

　石油やガスなどには水素原子が入っている。燃えると酸素と結びついて水ができる。それが煙突から出る湯気だ。無害でも煙突から煙（実際は湯気）が出ていると印象がよくないので、煙突内で湯気を加熱して蒸発させ、見えないようにしているところもある。

小4、中1

蒸発と沸騰の違い

　小学4年では「自然の中の水」で水の蒸発を、「水の3つのすがた」で水の沸騰を学ぶ。その際に、子どもたちが蒸発と沸騰の違いを区別できるように指導しておきたい。
　皿に入れて置いた水が蒸発してなくなるようなときは、液体から気体への状態変化が、水の表面で起きている。
　それに対して、沸騰しているときは、液体から気体への状態変化が、水の内部でも起こって、泡になっている。水が沸騰しているとき、ぽこぽこ出ている泡の中身は空気ではない。気体の水＝水蒸気だ。

ワンポイントアドバイス　教科や単元を超えて関連づけよう

　お風呂に入っていると、天井から水滴が落ちてくることがある。これは雨が降る原理と同じだ。お風呂のお湯から、水が水蒸気になっている。冬だと湯気が見える。冬の日本海が同じような状態だ。日本海の対馬海流上に、シベリアから寒気が吹き込む。冬の日本海では空気より海水の方が暖かい。海面から蒸発した水蒸気が、上空で冷えて雲になる。それが北西の季節風で日本列島に押し寄せ、雪を降らせる。
　違う教科や単元、違う学年の内容でも、無理のない範囲で関連づけて扱うようにすると、断片的だった知識がつながりあい、理解が深まる。
　私は、理科と日常生活との関連を実感させるために、「蒸発した水が水滴に戻っている例をできるだけたくさん書きなさい。」と発問していた。
　「ラーメンを食べるときにめがねが曇る。」「カップ麺のふたの内側に水滴がついている。」「お風呂場の鏡が曇る。」「冬、息が白くなる。」「冬、窓に結露する。」などたくさん出てきた。

化学-9　　　　　　　　　　　　　　　　　　　　小4、中1

水が凍ると体積が増える

　清涼飲料水の入ったペットボトルを冷凍庫で凍らせると、ボトルがふくらんでいる。水が氷になったときに体積が増えるからだ。
　この水→氷の状態変化を確かめる実験がある。この実験を成功させるコツを紹介する。
①寒剤づくり
　氷と食塩を混ぜたものを寒剤という。－20℃ぐらいまで温度が下がる。氷と食塩の比を3：1にすることと、氷をよく砕くことがポイントである。氷がとけるときに温度が下がるので、氷を砕いて食塩とふれる表面積を増やす。

　ワンポイントアドバイス　氷と食塩を洗面器の中で混ぜよう

　氷をいれたビーカーに食塩を入れても、よく混ぜることができない。砕いた氷と食塩をプラスチック製の洗面器に入れ、しゃもじでかき混ぜるとよい。その後で、お玉を使ってビーカーに分け入れて、各班で実験させる。
②細い試験管で実験する
　水の量が多いと、凍るまでに時間がかかり、凍る前に寒剤の温度が上がってしまうこともある。水の量を減らすと凍るのが早い。細い試験管を使えば、水の量が少なくても表面の上昇がはっきりわかる。
　おすすめのサイズは、直径15mm、長さ15cmのものである。この試験管に水を4cm程度入れて実験する。

　昔は、製氷皿で氷をつくるとまん中が盛り上がっていることを、体積増加の例として授業で扱っていた。しかし、今の冷凍庫でつくる氷は、昔の

ようには盛り上がらない。

　昔は冷蔵庫内の上部にある製氷室で氷をつくっていた。それほど温度が低くない上に、昔の製氷皿は金属製だったので、容器の側面、周囲から凍っていき、水の表面の中央が盛り上がった。

　しかし、今は－18℃ぐらいの冷凍庫内でプラスチック製の製氷皿で氷をつくっている。そのため、水の表面もどんどん凍り、中央があまり盛り上がっていない氷になっている。

　水が液体から固体（氷）に変化しても、重さは変化しない。同じ重さのまま、体積が増えるので、氷の密度は水より小さい。そのため、氷は水に浮く。しかし、さまざまな物質の中で、固体の密度が液体のときより小さくなるのは、例外的である。

　中学校では、状態変化の学習で、ロウの体積変化の実験を行う。とかして液体になったロウを冷やすと、体積が減るのでまん中がへこんで固まる。

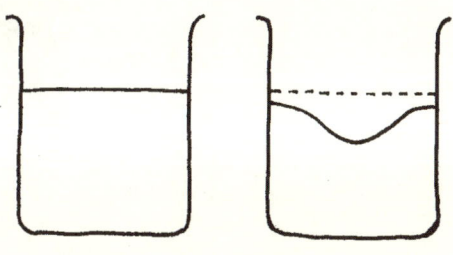

液体のロウが固まると体積が減りへこむ

　多くの物質は、分子が動き回る状態の液体から、分子がぎっしり詰まった状態の固体になるとき、分子のすきまが小さくなって体積が減る。ところが、水は液体から固体になるときに、すきまがある形に分子が並んで集まるので体積が増える。

　ビーカーに入れた固体のロウを加熱してとかすと、液体のロウに固体のロウが沈んでいる状態を見ることができる。多くの物質がこのようになり、氷が水に浮くのは例外なのだ。

　その例外のおかげで、海の底に氷がたまることもなく、海の中で生命が発生して進化することができたのだ。

固体のロウが沈んでいる

化学-10

小5、中1

ものの溶け方を調べる　～無色と透明は違う～

　小学5年の「ものの溶け方」の学習では、砂糖や食塩などを水に溶かす実験を行う。

　最初の導入では、写真のようにコーヒーフィルターに砂糖や食塩など調べるものを入れ、割りばしに挟んで水につけて観察するとおもしろい。

　砂糖などが水に溶けると密度が変わるので、光が屈折してユラユラとかげろうのように見える。底の近くに、たまるのも観察できる。

　これを見ると、砂糖水の上は薄くて、下は濃いように勘違いするかもしれない。かき混ぜれば、全体が均一の濃さになる。かき混ぜなくても、分子が熱運動をしているので、1～2週間、放置しておけば全体が均一の濃さになる。

　中学校では、「濃さが均一で透明な状態」を溶けたという。このときによく間違えるのが、無色と透明だ。色のある・なしと、透明・不透明は別である。色があっても、透明なら水溶液だ。

　たとえば、食紅を溶かした水や赤インクなどは、赤いが向こうが透けて見えるから、透明だ。小学校の教科書には、コーヒーシュガーの水溶液が、色はあるが透明な水溶液の例としてよく載っている。牛乳は、白くて不透明だから水溶液とはいえない。

　このように間違えやすい言葉は、子どもたちが勘違いしないように、具体例を実際に見せて説明するとよい。

小5、中1

溶けているものを取り出す実験のコツ

11- 化学

　水溶液を加熱して水を蒸発させると、溶けていたものが出てくる。この実験で、蒸発皿を割ってしまうという事故がよく起こる。
　小学校の教科書には写真左の紺色の蒸発皿が載っている。白い物質が見やすいからだ。中学校では写真右の白い蒸発皿が多い。
　ガラスや磁器などは、薄い方が温度変化に強い。薄い方が表側と裏側の温度差が少ないからだ。また、角ばっているものは丸いものより、熱や温度変化に弱い。膨張の歪みが生じるからだ。
　この2点で見ると、紺色の蒸発皿は「厚くて角がある」ので、熱や温度変化に対して、白い蒸発皿より弱い。実験の際、以下のことに気をつける。
①入れる水溶液は数滴程度に、少なくする。
②セラミック付き金網や金網を使い、直火が当たらないようにする。
③実験用ガスコンロの場合は、弱火にする。
④液が周囲から蒸発してきたら、中心部が湿っているうちに火を止めて、余熱で乾かす。いつまでも熱し続けると、割れることがある。
⑤火を止めたら自然に冷めるのを待つ。熱いうちにぬれぞうきんの上に載せたりして急激に冷やしてはいけない。
　なお、加熱しないで自然に蒸発させた方が、結晶が大きくなる。ペトリ皿に少量いれて、風通しのよいところに放置しておくとよい。

子どもが理科に夢中になる授業

化学-12　　　　　　　　　　　　　　　　　　　小6

空気の成分　〜二酸化炭素は意外と少ない〜

　小学6年に「ものの燃え方と空気」という単元がある。教科書に、空気の成分のグラフが載っている。

　　窒　素……78％
　　酸　素……21％
　　そのほか… 1 ％

そのほかというのは、アルゴン1％、二酸化炭素0.04％である。

　この成分表は「乾燥した空気」の成分だ。ふつうの空気には、水蒸気が1％前後含まれている。空気に含まれる水蒸気の量は、湿度によって変わるが、だいたい0〜2％の間になる。

　そうすると、夏の湿度の高い日だと、空気の成分は多い順に

　　窒　素　＞　酸　素　＞　水蒸気　＞　アルゴン　＞　二酸化炭素

となる。太平洋側で冬の乾燥した日だと、

　　窒　素　＞　酸　素　＞　アルゴン　＞　水蒸気　＞　二酸化炭素

となっているかも知れない。

　地球温暖化の原因物質として話題になっている二酸化炭素は、たったの0.04％しかない。面積で表すと、その比率がどのくらいかわかりやすい。

　次のページにある縦横10cmの正方形の面積は100cm^{2}である。左上にある正方形は縦横2mm（0.2cm）で、その面積は、0.04cm^{2}であり、大きな正方形に対する比率は、0.04％になっている。

　空気中の二酸化炭素の濃度は、産業革命の前は0.03％だった。それが、現在は0.04％になっている。地球温暖化問題で、二酸化炭素が話題になるので、子どもたちは二酸化炭素がかなり多いと思っている。実際には、こ

んなに少ないのだ。面積で表すとわかりやすい。

　植物が光合成の材料として使っているのは、空気中にこれしかない二酸化炭素だ。だから、植物にとっては、二酸化炭素が増えた方が成長が早くなる。二酸化炭素濃度を高くした温室で、成長を早めている所もある。

 ワンポイントアドバイス　二酸化炭素濃度が波打つグラフ

　気象庁のサイトに、北半球の二酸化炭素濃度の変化を表したグラフが公開されている。全体としては、右肩上がりになっているが、上がったり下がったり波を描いている。子どもたちに見せて、理由を考えさせたい。
　夏は植物の光合成が盛んなので、二酸化炭素濃度が下がるのだ。

化学 -13

小6、中1

酸素とものの燃えかた

　酸素を集気びんに集め、火のついたロウソクを入れる。オレンジ色だった炎が白っぽくまぶしく輝くようになる。激しく燃えて、どんどんロウソクが短くなっていく。

 ワンポイントアドバイス　ふたに注意

　この実験のときに、ガラスでできた集気びんのふたは使ってはいけない。熱でガラスが割れてしまう。金属製のふたを使うか、かまぼこ板を半分に切った板をふたに使うとよい。

　酸素を集めた集気びんに、スチールウールを入れると、花火のように火花を出して燃える。

 ワンポイントアドバイス　底に注意

　スチールウールを燃やす実験のときは、集気びんの底にろ紙を敷いておき、水上置換で酸素を集める際に少し水を残した状態で取り出す。
　そうしないと、溶けた鉄がこぼれ落ちたときに、集気びんが割れることがある。
　また、燃焼皿にスチールウールをのせるときは、まん中のろうそく立てにスチールウールを巻きつけるようにし、少しだけ細い繊維を伸ば

化学

したままにする。その部分に火をつけ、すばやく酸素の入った集気びんに入れれば、線香花火のように火花を散らして燃える。

　ワンポイントアドバイス　酸素自体は燃えない

　逆さまにした空き缶の底にシャボン液をたらし、実験用ボンベから静かに酸素を吹き込んでシャボン玉を作る。マッチの火を近づけてシャボン玉が割れても、酸素が炎を上げて燃えるようなことは起こらない。

　同様にして、火のついた線香を近づけると、シャボン玉が割れたときに、線香が炎を上げて燃える。酸素自体は燃えないが、ほかのものが燃えるのを助けることがわかる。

　人間にとって、酸素はなくてはならない。疲れたときなどに酸素を吸うとリフレッシュする。

　現在、大気中の酸素は、約2割（21％）である。「酸素がもっと多かったらどうなるだろう」と子どもたちに考えさせるとおもしろい。

　呼吸が楽になるなど、よいことをあげる子どもが多いだろう。

　しかし、酸素が多すぎたら、ものが激しく燃えすぎて困ることの方が多い。火事が激しくなって消しにくくなる。

　酸素100％のところで火をつけたら、あっという間に燃え広がってしまう。実際、高圧酸素治療（酸素濃度の高い大型カプセルの中に入って治療する方法）をしている人が、禁止しているタバコを中に持ち込んで火をつけ、焼け死んでしまうという事故があった。

　アポロ宇宙船の中も、最初は酸素だけだった。そのため、地上訓練中に電気系統の不調から発火して、飛行士が焼死するという事故があった。

　現在の「約2割」という割合が、酸素濃度としてちょうどよいのかも知れない。

化学-14

小6、中1

簡単な装置で二酸化炭素をつくろう

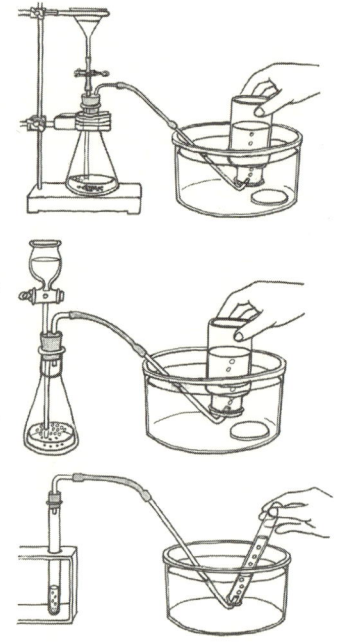

　授業で二酸化炭素を使う際、ボンベは便利だ。しかし、演示実験でよいから、化学変化で気体が発生するところを見せておきたい。小学校の教科書には、右上の図のような装置の図が多い。この装置は、準備や持ち運びがたいへんだ。

　ある会社の教科書や中学校の教科書では、滴下ろうと（活栓つきろうと）を使っている。値段は高いが、便利だ。

　ポイントは、この発生装置を滴下ろうと、三角フラスコなどに分解しないで、組み立てたまま保管することだ。そうすれば、いつでも持っていくだけですぐ使える。

　中学校教科書の生徒実験では、試験管でシンプルに発生させている。

　滴下ろうとは塩酸の補充ができるので、集気びんに何本も捕集する場合に適している。しかし、試験管に集めて性質を調べる程度なら、この装置でも十分だ。教材研究として中学校の教科書をチェックするとよい。

　この３つの図では、円形水槽を使っているが、四角いプラスチック製のコンテナボックスの方が丈夫で使いやすい。また、黒いゴム管は折れてつぶれやすく、圧力が高くなってゴム栓が抜け飛ぶことがある。透明の塩ビ管を使うと折れにくく、耐久性もよい。

小6、中1

15- 化学

火が消えれば二酸化炭素なのか？

　集気びんの中でロウソクを燃やすと、炎がだんだん小さくなって消えてしまう。気体検知管で調べると、酸素が減って二酸化炭素が増えている。
　二酸化炭素をためた集気びんの中に、火のついたロウソクをいれる。すぐに火が消えてしまう。
　こういった現象を見ていると、子どもたちは、「二酸化炭素は火を消す性質がある」と勘違いしてしまう。
　未知の気体（実際は窒素）を集気びんに入れておき、火のついたろうそくを入れて見せる。火が消える。すると、「二酸化炭素だ」という声があがる。
　しかし「火が消える」という結果からいえることは、「酸素ではない」とか「火が燃えるのに必要なほど酸素が入っていない」ということだ。
　教科書には、次のようなまとめがある。
「二酸化炭素には、ものを燃やすはたらきがない」
　だからといって、「ものを燃やすはたらきがない気体」＝二酸化炭素ではないことに注意したい。
　火が消える実験結果から、「二酸化炭素かもしれない」と予想して、石灰水で実験する。その結果、石灰水が白く濁れば、「この気体は二酸化炭素である」と判断してよい。（正確にいえば、「この気体には二酸化炭素が含まれている」。）
　石灰水が白く濁らなければ、「この気体は二酸化炭素ではない」と考察すればよい。子どもたちは石灰水が白く濁らないと、実験が失敗したと思うことがある。「○○ではない」というのも立派な考察であることを教えたい。

子どもが理科に夢中になる授業

化学 -16

小6

呼吸に関係ない窒素は役に立たない？

　空気中の約8割（78％）が窒素である。酸素なしで窒素だけだと、文字通り窒息してしまう。酸素は呼吸に必要だが、窒素は呼吸には関係ない。呼吸で吸い込んだ窒素は、何の変化もなくそのままはき出されるだけだ。
　しかし、酸素だけの空気だったら、27ページで紹介したように、火事になりやすく危ない。空気中に、反応もしない窒素が多く混ざっているから、地球が丸焼けにならない。反応しない性質が、役に立っているのだ。
　コーヒー、ポテトチップスなどのパッケージ、容器に「窒素充填」と表示してあることがある。食品の成分が酸素と反応すると、味や香りが変わってしまう。それを防ぐために、容器内の空気を窒素と入れ替えて封をしている。反応しないという窒素の性質が、生活の中で役立っているのだ。
　空気中に8割もある窒素を、ものを作る材料に使うことができたら便利だ。しかし、この反応しにくい窒素を反応させるのはたいへんだ。
　アンモニアは窒素と水素でできている。フリッツ・ハーバー（ドイツの物理化学者）は、窒素と水素からアンモニアを合成する方法を発明した。さらに、カール・ボッシュ（ドイツの工業化学者）は高温高圧の条件下で、鉄を主成分とした触媒を用いて窒素と水素からアンモニアを工業的に生産する方法を開発した。
　ハーバーは1918年に、ボッシュは1931年にノーベル化学賞を受賞している。このハーバー・ボッシュ法といわれる方法で、空気と石炭を材料に窒素肥料が作られるようになったのだ。
　空気中の窒素を利用して、食糧増産が可能になった一方で、火薬も合成され戦争に使われた。科学の利用を考えさせられる一例だ。

化学

小6、中1

17- 化学

ブタンという気体を知っていますか？

　カセットコンロの燃料用ボンベには、ブタンが入っている。使い捨てライターの中に入っている透明な液体もブタンである。

　カセットコンロの燃料用ボンベを振ってみると、シャカシャカ音がして、液体が入っていることがわかる。ブタンは沸点（沸騰して液体から気体になる温度）が－0.5℃なので、ふつうの温度では気体だが、圧力をかけると、常温でも液体になる。

　ブタンに火をつけると燃える。その性質がガスコンロやライターに使われているわけだ。

　カセットコンロの燃料用ボンベに、実験用気体ボンベのノズルをつけることができる。氷と塩で作った寒剤に空の試験管を入れて冷やし、ブタンをノズルで試験管の底に吹き込むと液体になる。

　試験管を取り出してみると、水のように無色透明なブタンの液体がたまっている。マッチで火をつけると聖火のトーチのように燃える。

　下の液体のたまっている部分を手で温めると、液体から気体に変化する量が増えるので、炎が大きくなる。よく見ると泡が出て気化しているのを観察できる。

 ワンポイントアドバイス　引火に注意

　試験管の中の液体が全部気体になっても、ブタンは重いので試験管の中にたまっている。試験管を横にすると、ブタンが流れ出して燃えることがあり危険だ。火が消えたからといって、不用意に横にしてはいけない。

化学-18　水素の中でろうそくの火はどうなる？

小6、中1

　水素を試験管に捕集し、マッチの火を近づけるとポンと音を立てる。小さな爆発が起きているのだ。

　水素ボンベから試験管（直径3cm）に水上置換で集め、火のついたろうそくを入れたらどうなるだろうか？

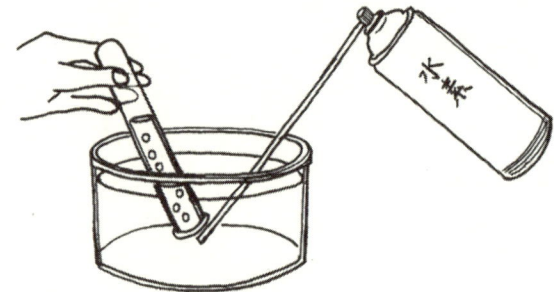

　「爆発する」という予想をたてる子どもが多い。少数派で「消える」という子どもは、「酸素がないから」と理由を言う。

　実験してみる。もちろん教師の演示実験である。

　試験管の口を覆っていたふた（OHPシートを切ったもの）を取り、ろうそくを下から入れていく。

　スッと消えてしまう。ときに、最初、ボッと小さな音を立てるときもある。

　ろうそくを下げて外に出すと、炎が復活する。「エー」と声があがる。

　部屋を暗くして実験すると、試験管の口の部分で淡い炎を上げて水素が燃えていることがわかる。

　水素100％の中では、ろうそくは燃えない。試験管の口の近くで酸素と接しているところで、水素自

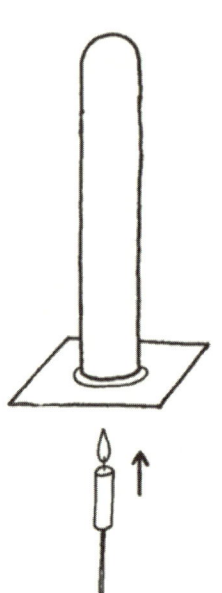

体が燃えている。ろうそくを下げると、消えた直後のろうそくからの白煙にその火が燃え移るのだ。

 ワンポイントアドバイス　水素の実験での事故に注意

　残念ながら、数年に１回ぐらいの割合で、理科実験中に水素が爆発して、子どもたちがけがをしたというニュースが流れる。
　水素は危ない気体というイメージが強くなり、先生方も実験するのを躊躇(ちゅうちょ)してしまう。
　しかし、「危険であることを忘れないうちは安全である」（陸上競技用の火薬のパッケージにある言葉）のとおり、危険であることを意識して実験すれば事故は防げる。
　とはいえ、子どもたちは教師の指示以外の行動をとることもある。水素の実験は、教師が事前に練習した上で、演示実験で行うことをすすめる。
　塩酸と亜鉛などで水素を発生させる際は、最初のうちは発生容器内の空気が混ざっている。この空気（酸素）の混ざった水素が、激しく爆発する。空気の混ざった水素を試験管（直径 16.5mm の普通サイズ）に集めて、マッチの火を近づけると、「ポン」とか「キュン」と大きな音を立てて爆発する。この音がする状態では、前ページの実験はしてはいけない。
　どんどん水素を発生させ、水素の濃度が高くなると、「ボッ」と低い音を立てるようになる。

 ワンポイントアドバイス　水素の実験は試験管に限る

　水素の実験は、教師による演示がよい。その際、発生させている容器に直接火をつけたり、引火したりすることが絶対にないように注意する。
　フラスコやびんなど、体積の割に口が小さいものに水素を集めて火をつけたらたいへん危険である。絶対にやってはいけない。
　試験管は寸胴なので、火がついても圧がすぐに逃げるので破裂しない。試験管は、フラスコよりはるかに耐圧性能が高い。

化学-19　石灰水は簡単に作れる

小6、中学

　石灰水はアルカリ性で、二酸化炭素が溶け込むと炭酸カルシウムという水に溶けにくい物質ができて、白く濁ごる。この性質を利用して、気体が二酸化炭素であるかどうかを調べる。

　石灰水は、水酸化カルシウム（消石灰）の飽和水溶液、つまり水に限界まで溶かした水溶液である。

　水酸化カルシウムは、水にごくわずかしか溶けない。25℃の水100gに水酸化カルシウムは0.16gしか溶解しない。

　一升びん、大きなペットボトル、ポリタンクなどに水を入れ、適当に水酸化カルシウムを加えてよくかき混ぜ、一晩放置して上澄みをとれば、石灰水である。

　このように簡単に作れるのだが、聞くところによると自分で作らずにできている石灰水を買う小学校が多いという。

　教材会社で売っている石灰水は、1Lで約900円。その中に水酸化カルシウムは、たったの2gしか入っていない。石灰水は、99.8％水。自分で作った方が、はるかに割安だ。

　ワンポイントアドバイス　粉末の水酸化カルシウムは取り扱い注意

　水酸化カルシウムはアルカリ性なので、目や鼻、口などに入らないように注意する必要がある。

　校庭のライン引きの白い粉は、かつては水酸化カルシウム（消石灰）だった。石灰水を作るときは、体育倉庫から少しもらってくればよかった。

　最近は、文部科学省の指導で、ライン引きには危険性の低い「炭酸カルシウム」などを使うようになっている。体育倉庫からもらってきて石灰水

を作ることができなくなっている。

👨 ワンポイントアドバイス　園芸コーナーの消石灰は安い

　水酸化カルシウム（消石灰）を教材会社から買うと、500 g で 2500 円以上する。試薬として売っているから高いのだ。
　それに対して、ホームセンターなどの園芸コーナーで売っている消石灰は、5 kg で 400 円程度と、驚くほど安い。

　石灰水をいつでも簡単に取り出せる「石灰水採水びん」という、蛇口付きの大きなポリタンクが理科教材会社から売られている。
　消石灰と水を入れてかき混ぜて放置しておく。蛇口がタンクの底から少し上についているので、底に沈んだ粉末は出ないで、きれいな石灰水を取り出すことができる。

👨 ワンポイントアドバイス　キャンプ用品で自作

　石灰水採水びんの代わりに、キャンプ用の蛇口付きポリタンクに消石灰を適当にごそっと入れ、水を入れてよく混ぜる。
　そのまま一晩放置すれば、上ずみが石灰水になっている。
　蛇口がタンクの下の方にあるので、最初白く濁った石灰水が出るが、その後は透明な石灰水が出てくる。

👨 ワンポイントアドバイス　生石灰と消石灰は別物

　消石灰と間違えて、乾燥剤に使われている生石灰（酸化カルシウム）を使ってはいけない。
　生石灰を水に加えると、多量の熱を発生して危険だ。

化学-20

小6、中3

身近な酸、アルカリ

　理科の時間に、実験で薄い塩酸や水酸化ナトリウム水溶液を使う。子どもたちは、「怖い」「危ない」という印象をもち、慎重に扱っている。
　ところが、理科実験で扱うのと同じような濃さの薬品が、身近にあるのに、知らないまま気楽に使っていることがある。
　その典型が、塩酸である。理科室の5％塩酸はびくびく扱うのに、トイレ掃除の酸性洗剤（商品名「サンポール」など）は気楽に使っている。トイレ用酸性洗剤は、約10％の塩酸である。十分注意して使うべきものだ。
　油落とし用の洗剤や洗面所のパイプ洗浄剤には、アルカリ性の強いものがある。学校の理科実験のときと同じように、本来は安全めがねと使い捨てのポリエチレン手袋を着用して使うべきものだ。
　家庭にも、理科実験で使える酸性、アルカリ性のものがいろいろある。家庭での自由研究に、使うこともできる。
　安全に使うためにも、子どもたちに紹介したい。

①酸性の液体（粉末は、水に溶かすと酸性になるもの）
　　酢、レモン汁、清涼飲料水、クエン酸、トイレ用酸性洗剤など
②アルカリ性の液体（粉末や固体は、水に溶かすとアルカリ性になるもの）
　　アンモニア水を含む虫さされの薬（「キンカン」）、油落とし用の洗剤、重曹（ふくらし粉の主成分、炭酸水素ナトリウム）、石けんなど

ワンポイントアドバイス　洗剤用と食用は区別しよう

　クエン酸や重曹は、ホームセンターや百円ショップなどの「洗剤コーナー」にあるが、なめたり食品に入れる際は、薬局や食品コーナーにある食用として売られているものを使う。

化学

小6、中学

21- 化学

サンポールは塩酸なのに鍵をかけてしまわなくていいの？

　学校では、塩酸や水酸化ナトリウムのような危険な薬品は、薬品庫にしまって鍵をかけておかなければならない。
　それなのに、塩酸が主成分のサンポールは、トイレに置きっぱなしでいいのだろうか？
　結論からいえば、サンポールの濃度なら、法的には鍵をかけてしまう必要はない。
　サンポールに含まれる塩酸の濃度は、9.5％だ。
　塩酸の場合、濃度が10％以下のものは、「劇物」扱いにならない。
　理科室にあるような濃塩酸には、「劇物」という表示がある。これは「毒物及び劇物取締法」で定められたものである。
　濃塩酸は、劇物なので法令により鍵のかかる薬品庫にしまう必要がある。しかし、10％以下なら、劇物ではないので法令による拘束はない。
　ただ、10％以下の塩酸でも、傷口に入れば痛いし、コンクリートや石灰石などを溶かす。
　子どもたちの安全を考えれば、トイレ用酸性洗剤の塩酸も「危ない」といえる。事故防止のために、小中学校ではトイレに置きっぱなしにしないで、使うときだけ出した方がよい。
　使う際には、目に入ったり、手につかないように注意する必要がある。

ワンポイントアドバイス　薬品庫の表示

　塩酸などの劇物を保管する薬品庫には、白地で赤く「医薬用外劇物」と表示しなくてはならない。

化学-22

小6、中学

リトマス紙は何から作る？

理科の実験でよく使うリトマス紙。何から作るのだろうか？

リトマス液という液があり、それをろ紙にしみこませて乾燥させて作っている。

青色リトマス紙と赤色リトマス紙があるが、もとは同じリトマス液だ。

リトマス液をアンモニアで青くしてろ紙にしみこませて乾かしたのが青色リトマス紙、塩化水素（塩酸のもと）で赤くしてろ紙にしみこませて乾かしたのが赤色リトマス紙である。

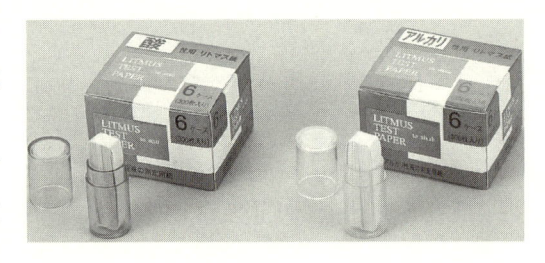

では、リトマス液は何から作るのか？　地中海沿岸地方に生えているリトマスゴケから、抽出した色素（リトマス）だ。紫色の粉末で、水に溶かしたリトマス液が、アルカリ性で青色、酸性で赤色に変化する。

1300年ころ、スペインの化学者デ・ビラノバが、この色素を最初に発見した。現在は、化学的に合成した色素が使われている。

ワンポイントアドバイス　リトマス紙活用法

リトマス紙は、長い間保存しておくと色がだんだん薄くなり白くなってしまう。学校で購入する際は、大量に買いだめしない方がよい。

色の変化がわかればいいので、私はリトマス紙を半分や3分の1に切って、フィルムケースに入れていた。同じ値段で、多くの生徒がリトマス紙を使い、ノートに貼ったりすることができる。

化学

小6、中学

23- 化学
リトマス紙以外の酸アルカリ指示薬

　水溶液の酸性、アルカリ性を調べるために、リトマス紙のほかにもさまざまな試験紙や薬品がある。それらは、一般に酸アルカリ指示薬とよばれている。

　小学校では、リトマス紙がメインであるが、中学校では、ＢＴＢ溶液がよく使われる。

　ＢＴＢ溶液は、酸性では黄色、中性では緑色、アルカリ性では青色になる。ただし、リトマス紙より、ずっと敏感なので、青色リトマス紙も赤色リトマス紙も変化しない中性と判断される水溶液でも、ＢＴＢ溶液を入れると黄色や青色に変色してしまうことがある。この敏感さを利用したのが、次のページで紹介する化学マジックである。

　中学校で、気体のアンモニアを発生させ、アンモニアが水にたいへん溶けやすいことを示すために、噴水実験をすることが多い。これも一種の化学マジックである。無色の水が、丸底フラスコに吸い上げられると、濃いピンク色の噴水になって吹き上がる。子どもたちの歓声が上がる。

　これは、水にフェノールフタレインという酸アルカリ指示薬が混ぜてあったのだ。フェノールフタレインは、酸性と中性では無色で、アルカリ性になるとピンク色になる。

小森のエピソード　枯れ木に花

　ティシュペーパーで花を作り、フェノールフタレイン液を霧吹きでかけ、乾かしておく。「枯れ木に花を咲かせましょう」といって、木の灰を水にとかし、上澄み液をとり、霧吹きで吹きかけるとピンク色になる。

　私が小学生のときに本で読み、学芸会でやった実験ネタである。

化学-24　　　　　　　　　　　　　　　　　小6、中3

ＢＴＢ溶液で化学マジック

　酸アルカリ指示薬のＢＴＢ溶液を使うと、子どもたちがびっくりする化学マジックができる。酸、アルカリの授業の導入でぜひ見せたい。
①「メロンジュースです」と言って、緑色のＢＴＢ溶液の入ったコップを見せる。
②液を２つ目のコップに注ぐと、青くなる。子どもたちから歓声が上がる。途中で止めてよく見せながら注ぐ。「ブルーハワイになりました」
③２つ目のコップの液を３つ目のコップに注ぐと、青から黄色に変化する。「レモンジュースになりました」

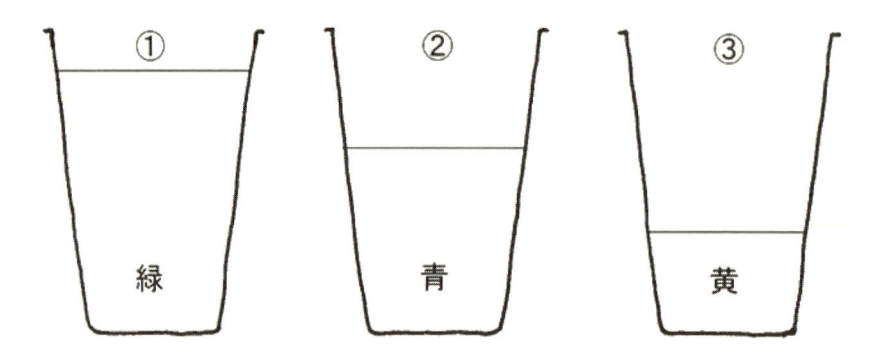

① 緑　　② 青　　③ 黄

　「どんなしかけがあったのかな？」と発問する。子どもたちは「コップに何か入っていた」と言う。
　実際、２つ目のコップには重曹、３つ目のコップにはクエン酸をほんの少し入れておいた。耳かき１杯程度なので、遠くからは見えない。
　この演示実験を行った後、各班に緑のＢＴＢ溶液の入ったコップ、空コップ２つ、重曹、クエン酸を配る。

化学

　子どもたちにも同じようにしかけを作らせ、実験させる。一度見たものでも、目の前で鮮やかに色が変わるようすに歓声が上がる。
　化学マジックが終わったら、次のように発問する。
「青や黄色になってしまった水を、緑色に戻せるかな？」
　できる、できないを挙手で確認した後、各班で実験させる。
※粉末を入れた後、底に沈んだままで色が変わらないときに、円を描くようにコップを振り混ぜると、色が変わることがある。
※クエン酸と重曹が混ざると、二酸化炭素の泡が発生する。

ワンポイントアドバイス　色の違いを確認できるように

　最後に3つのコップの色を確認できるように、1つ目のコップの液は3分の1残して2つ目のコップに注ぐ。2つ目のコップの液は半分だけ3つ目のコップに注ぐ。
　また、BTB溶液は水で薄めて適当な濃さにして使う。濃いと緑色と青がどちらも黒に近く、色の違いが遠くから見るとわからない。
　BTB溶液はとても敏感なので、水道水で薄めたときに最初の液が緑色にならないときがある、そんなときは、クエン酸あるいは重曹をほんの少し加えて、緑色に調整する。

ワンポイントアドバイス　白い粉末を間違えないために

　重曹もクエン酸も白色の粉末である。重曹はでんぷんのように細かい粉であるが、クエン酸はグラニュー糖のように粒がやや大きい。
　同じ色で間違えやすいので、各班に配る際、フィルムケースやプリンカップに青色と黄色のビニルテープを貼って区別しやすいようにするとよい。

ワンポイントアドバイス　食品添加物なので手づかみOK

　重曹もクエン酸も食品添加物なので、「今回は特別」といって、手でつまんで入れさせても大丈夫である。

化学-25

小6、中学

ＢＴＢ溶液は粉末から作ると割安

　酸アルカリ指示薬のＢＴＢは、ブロム・チモール・ブルーの略である。溶液で売られているものは 500 g で約 3000 円、粉末は 25 g 約 8000 円だ。
　粉末を購入すると、半永久的といってもよいほど長く使える。溶液で3回買うと粉末より高くなる。長い目で見ると、粉末で購入して自分で薄めた方が割安である。たくさん使わない小学校では溶液で買い、よく使う中学校では粉末を買うことをおすすめする。

●作り方
①ＢＴＢ粉末を 0.1 g はかりとり、エタノール 5 mL に溶かす。
　あとで大量の水で薄めて使うので、それぞれの量は適当で大丈夫である。
②粉末がエタノールに溶けると、濃いオレンジ色になる。ＢＴＢがエタノールに完全に溶けたあと、水を加えて濃い緑色になるまで薄める。

ワンポイントアドバイス　ＢＴＢ液は濃いままで保存

　ちょうどよい緑色まで薄めると、何Ｌもできる。水を加えて一びん程度の保存液にして、少しずつ薄めた液をつくり実験に使うとよい。
　水道水の影響で、薄めたときに青色になることがある。ごく薄い酸を少量加えて調整する。

小森のエピソード　昔の実験

　私が新任の頃は、ＢＴＢ溶液が呼吸や光合成の実験に使われていた。緑色のＢＴＢ溶液に魚を入れておいておくと、呼吸で二酸化炭素ができるので、酸性になり黄色く変色する。
　今は植物の呼吸や光合成を、気体検知管で調べる。便利になったものだ。

化学

小6、中学

26- 化学

指示薬を入れておくと便利な容器

　BTB溶液のように滴下して加える液は、ガラス製のスポイトびんに小分けしておくことが多い。しかし、ガラス製のスポイトびんは、小中学生には不向きである。スポイトの先に調べようとする液がつき、びんに戻すとその影響でびんの中のBTB溶液が緑色から、黄色や青色に変わってしまうことがある。スポイトのガラスの先が割れることもある。また、古くなるとゴムがベトベトになったり、ひび割れたりして使えなくなる。

　私はポリエチレン製滴下びんを使っていた。落としても割れず、手軽に使うことができる。

　ポリエチレン製滴下びんは、理科教材会社から、各種販売されている。写真上は、ナリカの10mLプチボトル。下の30mLプチボトルは強く押しても連続しないで1滴ずつ出る優れものだ。

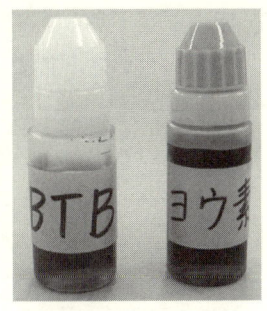

　ヨウ素液は、プラスチックを劣化させる。また、ヨウ素液は光が当たらないように保管した方がよい。そのため、ヨウ素液は褐色のガラスびんに入っている。しかし、ヨウ素液でも数年ならポリエチレン容器で大丈夫だ。私は元の色が見えるように半透明のポリエチレン容器を使用していた。

🧑‍🔬 ワンポイントアドバイス　小びんに移すときは注射器で

　小びんに液を入れるときは、50mLぐらいのプラスチック製注射器を使うと便利である。

化学 -27

小6、中3

紫キャベツから指示薬をつくろう

　紫キャベツから酸アルカリ指示薬を作る方法は、教科書や実験本などによく載っている。代表的な方法には、「刻んでお湯につけておく」、「刻んでエタノールにつけておく」の2つがある。

　これらの方法なら、とてもきれいな液（色水）がとれる。しかし、お湯やエタノールが必要なので、家庭で簡単にやるわけにはいかない。

　また、待っている時間が必要なので、授業時間の中で作って使う実験まで行うのも難しく、先生があらかじめ作っておかねばならない。

　次に紹介する方法なら、家庭でも簡単にできるし、時間もあまりかからないので授業時間内に作って使うことができる。

用意するもの

紫キャベツ（半分あれば1クラス分大丈夫）
はがき大のチャック付ポリ袋（厚さ0.08mmのが丈夫でよい）
包丁などキャベツを刻むもの
水、ビーカー（プリンカップやプラスチックのコップでもよい）

作り方

① キャベツをみじん切りにする。大きさは適当だが、細かい方がよい。
② 刻んだキャベツをピンポン玉から卵の大きさぐらい、チャック付ポリ袋に入れる。
③ 同じぐらいの量の水を入れる。水の量が多すぎるとキャベツが泳いでしまい、よくもめない。少量の水でもんだ後、水を足して薄めるとよい。

④袋の外から指でキャベツをもんで、色水を作る。
　袋をねじったりして激しくもむと、袋が破れるので注意する。
⑤濃い色水ができたら、色水だけをビーカーに移しとる。
※袋に残ったキャベツに水を足してもう一度もむと、さらに色水ができる。
　色水をいくつかのビーカーやプリンカップに分けて、理科室や家庭にあるいろいろな液体を加えて、どんな色になるか実験する。
　ＢＴＢ溶液の化学マジックで使った重曹とクエン酸で確かめてみると簡単だ。最初の紫色の液が、クエン酸（酸性）を加えると明るいピンク色に、重曹（アルカリ性）を加えると青色に変化する。
　袋でもんで色水を作るこの方法なら、家庭でも簡単に行うことができる。アサガオの花びらやブドウの皮など、いろいろなもので色水を作り、酸性アルカリ性でどう変色するか試してみるとおもしろい自由研究になる。

小森のエピソード　スピードみじん切り器

　私は、調理が苦手なので紫キャベツのみじん切りをしても、大きく不揃いになってしまう。出前授業で各地の小学校でこの実験を行う際は、調理の得意な先生に刻んでもらっていた。
　そんな状態のところに、便利な道具を紹介された。「スピードみじん切り器」である。ちぎったキャベツを入れ、ハンドルを回していると、みじん切りのできあがり！　とても便利だ。

小森のエピソード　子どもたちは色が変わる実験に熱中

　出前授業で前述のＢＴＢ溶液の実験とこの紫キャベツの実験を行うと、子どもたちは声をあげ、熱中して実験する。色の変化がおもしろいのだ。
　終わった後、色水を作った残りのキャベツ入り袋を持ち帰ろうとする子どもが何人もいる。家でもっとやりたいというのだ。
　重曹とクエン酸は食品添加物なので危険はない。それぞれをチャックつき小袋に入れて、分けてあげたこともある。

化学 -28　　　　　　　　　　　　　　　　　小6、中3

ハーブティーで指示薬

　飲める指示薬がある。「マローブルー」というハーブティーだ。和名を「うすべにあおい」というゼニアオイの仲間の花を乾燥させたハーブティーである。お湯で入れると、青いお茶になる。レモンのような酸性のものを入れると赤く変化する。色の変化を楽しむお茶だ。
　ただし、お湯で抽出するとすぐに色が変わってしまう。実験に使うときは、ティーバッグに入れて水にもみ出すとよい。

左：そのまま（青紫色）　右：クエン酸を加えた（赤色）

　同じように色が変わる飲み物に、ブドウジュースやブドウ味の清涼飲料水がある。いろいろな紫色の野菜から作ったジュースも色が変わる。紫キャベツやこれらには、アントシアニンという仲間の色素が含まれている。
　アントシアニンが、酸性では赤くなり、アルカリ性では青くなるので、酸アルカリ指示薬と同じような変化が起こる。

ワンポイントアドバイス　実験では口に入れないのが原則

　飲める指示薬として、実験で演示したり飲んだりするときは、ビーカーなど理科実験器具は使わず、コーヒーカップやガラスのコップなどの容器を使う。子どもたちには、理科の実験では特別な許可がない限り、口に入れてはいけないと指導しておこう。

化学

小6、中3

29- 化学

カレー粉や紫いもパウダーの色が変わる

　カレー粉の黄色い色は、クルクミンという色素による。ウコンからとれる色素だ。クルクミンは、酸性と中性では黄色、アルカリ性では赤っぽい色になる。

　カレー粉またはターメリックをろ紙に少しとる。そこに石灰水や薄いアンモニア水など、アルカリ性の液を加えると赤色に変色する。

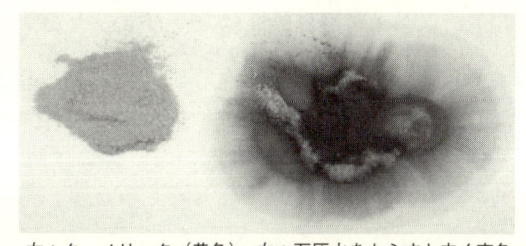

　「紫いもパウダー」というお菓子などを作る際の色づけ剤がある。アントシアニンが含まれているので、紫キャベツと同じように、色が変化する。酸性では、ピンク色、中性で紫色、弱アルカリ性で青色、アルカリ性で緑色になる。紫いもパウダーを混ぜてホットケーキを作ると、加熱してふくらむころには、緑色に変色する。ふくらし粉の成分である重曹が熱で分解して二酸化炭素ができてふくらむ際に、炭酸ナトリウムも生成する。炭酸ナトリウムは、アルカリ性なのでアントシアニンが緑色になってしまう。

　紫キャベツ入りの焼きそばを作ると三色に変化するカメレオン焼きそばを楽しめる。フライパンで少量の水を沸騰させ、刻んだ紫キャベツを入れ加熱すると水が紫色になる。かんすいを使っている中華めんを入れてほぐすと、かんすいがアルカリ性のため、めんが緑色になる。塩こしょうで味付けする。ソースを加えると普通の焼きそばに、レモン汁をたらすと酸性になりピンク色になる。

左：ターメリック（黄色）　右：石灰水をたらすと赤く変色

【出典】カメレオン焼きそば：愛媛県総合科学博物館『博物館だより』2008年秋冬号

子どもが理科に夢中になる授業

化学-30　小6、中3

「酸は酸っぱい」を味わう

酸性の水溶液には、次のような共通する性質がある。

> 青色リトマス紙を赤くする。
> 鉄、アルミニウムなどの金属を溶かす。
> 　　→中学校では、亜鉛、マグネシウムを使う。
> 酸っぱい。

「酸は酸っぱい」は、最近の教科書には載らなくなった。安全のためだろう。私は、五感で感じるのも大切と考え、安全な酸で味わわせていた。

酸の酸っぱさは、食酢を例に出せばよい。食酢には、約4％の酢酸が含まれている。しかし、食酢は酸っぱいのが当たり前という感じであり、食酢だけで「酸は酸っぱい」と一般化させるのは強引だ。

私は、「吐いたときの酸っぱさ、ひりひり感は、胃液の塩酸だよ」とも教えていた。そのほか、酸の粉末を生徒になめさせていた。

酸といっても、安全な食品添加物である。クエン酸を手のひらにほんの少しずつ分け与え、みんなで一斉に口に入れる。

「すっぱ～い！」と叫び声があがる。

午後の授業の眠気も吹っ飛ぶ酸っぱさだ。

「シゲキックス」という商品名の酸っぱい飴の味は、このクエン酸であることを伝える。

さらに、清涼飲料水の成分表示をCCDカメラでテレビに映してみせる。

●品名 清涼飲料水 ●原材料名 高果糖液糖,はちみつ,塩化Na,海藻エキス,ローヤルゼリー,クエン酸,クエン酸Na,香料,アルギニン,塩化K,塩化Mg,乳酸Ca,酸化防止剤(ビタミンC),甘味料(スクラロース),イソロイシン,バリン,ロイシン ●内容量 2000ml ●賞味期限 キャ

「アクエリアス」日本コカ・コーラ株式会社

化学

🧑‍🔬 ワンポイントアドバイス　食べられるのに「食えん」酸？

クエン酸のクエンは、漢字では「枸櫞」と書く。レモンの仲間である。レモンの酸っぱさの成分は、クエン酸である。レモン1個に2〜4gのクエン酸が含まれている。

クエン酸に続いて、もう一つの酸をなめさせる。「アスコルビン酸」である。クエン酸と同様に少しずつ分け与えてなめさせる。

またしても、「すっぱ〜い」と声があがる。「さっきと少し味が違う」と酸っぱさの違いに気づく生徒もいる。

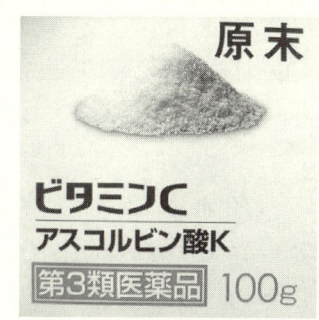

CCDカメラで、箱にある「アスコルビン酸」の表示を映した後、「別の有名な名前がついています」と言って、「ビタミンC」を映し出す。

「ビタミンC」小林薬品工業株式会社

ビタミンCと知ると、「おかわり！」と言い出す生徒も出る。

このような授業をすれば、酸アルカリが身近に感じられるようになる。また、清涼飲料水などの成分表示に目を向けるようになる。なお、ペットボトルのお茶の成分表示にあるビタミンCは、酸味料としてではなく、酸化防止剤として入っている。

🧑‍🔬 ワンポイントアドバイス　グルタミン酸はうま味

タンパク質は、アミノ酸が結びついてできている。栄養ドリンクや調味料には、アミノ酸が成分として入っている。たとえば、タウリン、アスパラギン酸、グルタミン酸などだ。

アミノ酸は「酸」とついているが、種類によって甘味、苦味、酸味、うま味と、異なる味がある。

グルタミン酸は、うま味成分として有名だ。甘味、塩味、酸味、苦味に加えて、うま味が「umami」として世界に通用する言葉になっている。

子どもが理科に夢中になる授業

化学-31　　　　　　　　　　　　　　　　　小6、中学

濃塩酸の開封にご用心

　塩酸は、塩化水素という気体が水に溶けている水溶液だ。温度が高くなると、気体が水に溶ける量が減って、水溶液から気体が出てくる。

　夏の暑い時期に、濃塩酸のびんを初めて開けるときは、注意した方がよい。塩化水素のガス圧が高くなっていて、開けるときにプシュッとガスが吹き出すことがある。

　濃塩酸から立ちのぼる白い煙は、塩化水素が水蒸気と結びついてできた塩酸の霧である。吸い込むとむせかえる。

　本来は、ドラフターという換気装置の中で操作すればよい。しかし、ドラフターは、高校の化学実験室にはあるが、小中学校にはほとんどない。

　濃塩酸のびんを開けるときは、換気扇を回したり、風上に立つように注意しよう。

小森のエピソード　試薬びんの中ぶたが天井まで飛んだ

　塩酸ではないが、学生時代に夏、塩素系の薬品が入ったびんのふたを開けようとしたら、圧力で中ぶたが天井まで飛んだことがあった。

　気温が高く、気化しやすい夏は試薬びんのふたを開ける際は用心したい。

　今は中ぶたがない試薬びんが多いので、ゆっくりとふたをねじれば、炭酸飲料のペットボトルを開けるときと同じように、プシュッと音をたてて気体が抜け出るだけで、ふたが飛ぶ危険はない。

小森のエピソード　アンモニア水で卒倒しそうに！

　学生時代のこと。たかがアンモニア水とびんに鼻を近づけて臭いをかいでしまった。ドーンと脳天を打たれたような衝撃。くさいではすまない！

化学

小6、中学

32 - 化学

塩酸を水で薄める割合

　固体を溶かして水溶液を作る場合は、パーセントの計算がすぐにできる。しかし、濃塩酸のような水溶液を薄めて所定の濃度にするのは、計算が面倒だ。表の比率で、濃塩酸と水を測りとって薄めるようにするとよい。

　塩酸が手についても、あわてる必要はない。落ち着いて水洗いすればよい。

　塩酸が手につくのはいやである。びんからビーカーやメスシリンダーに移したときに、

作りたい塩酸の濃度	濃塩酸と水の体積比
1％　(0.3mol/L)	1 ： 43
3％　(0.8mol/L)	1 ： 14
5％　(1.4mol/L)	1 ： 7.6
10％　(2.9mol/L)	1 ： 3.2

びんに塩酸がついていたらぬれぞうきんでふき取っておく。ぞうきんは水でよくすすいでおく。「あとで」と思っていると、忘れて触ってしまうことがある。

ワンポイントアドバイス　超手抜きの薄め方

　10％の塩酸を作るには、体積比で濃塩酸：水 = 1：3.2 である。

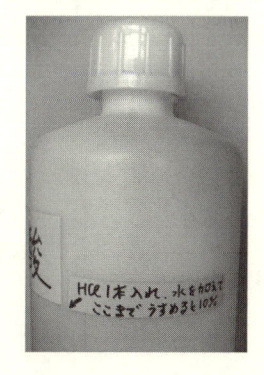

　濃塩酸1本は500cm^{3}であるので、丸ごと10％にするには、1600cm^{3}の水で薄めればよい。3Lのポリエチレンびんに、水を入れ塩酸をびん全部注いで薄めて保管する。ポリタンクでもOK。

　私は、ポリエチレンびんに印をつけておいた。水と塩酸でその印にあわせれば、メスシリンダーを使わずに10％塩酸のできあがり！　必要に応じて、水で倍に薄めて5％塩酸にしていた。

化学-33

小6、中学

水酸化ナトリウム水溶液のつくり方

　5％の水酸化ナトリウム水溶液をつくるには、5gの水酸化ナトリウムを95gの水に溶かせばよい。100gの5％水酸化ナトリウム水溶液ができる。10％なら、10gの水酸化ナトリウムを90gの水に溶かせばよい。

　水酸化ナトリウムは、米粒を大きくしたような粒になっている。(華状といって、コーンフレークのようになっているものもある)

　水酸化ナトリウムには、潮解性といって、空気中の水分を吸って溶けてしまう性質がある。

　夏場の湿度の多い時期には、手早く測りとり、びんの栓をしっかり閉めておく必要がある。ふたが不完全ですき間が空いていると、びんの中で溶けて全体がドロドロの液体になってしまう。

　湿度の多い時期だと、薬包紙ではかりとっている間に、水分を吸って溶けた水酸化ナトリウムが薬包紙についてしまう。

　薬包紙をそのままゴミ箱に捨てると、掃除のときなどに子どもたちの手につくことがあるかも知れない。薬包紙を水で洗い流してからゴミ箱に入れるようにしたい。

水分を吸って溶けた

　水酸化ナトリウムが水に溶けるときには、熱が発生する。5％程度の水酸化ナトリウム水溶液なら、ほんの少し暖かくなる程度だが、濃度が高くなると発熱量も大きくなる。

　溶かすときには、水をかき混ぜながら、水酸化ナトリウムを加えていく

ようにする。そうしないと、ビーカーの底に水酸化ナトリウムのかたまりがこびりついて、なかなか溶けないことがある。

水酸化ナトリウム水溶液は、アルカリ性が強いので、測りとったり水に溶かしたりするときには、保護めがねをかけるようにする。

また、水にいれてかき混ぜるときに、しぶきが飛ばないように気をつける。安全のために、立って行うべきだ。

万一、目に入ったら、ともかく水で洗うことが第一だ。目をこすったりしてはいけない。洗面器などに穏やかに水を流しながら、顔を入れて目を開けるようにする。最低15分は洗い流すようにする。その後、速やかに医師の手当てを受ける。

水酸化ナトリウム水溶液を保存する際は、ポリエチレンのびんやガラスのびんを使う。ペットボトルは、アルカリに弱いので使用してはいけない。

ガラスの細口びんで、すりあわせのガラスのふたがついているものがある。水酸化ナトリウム水溶液でガラスがくっついてとれなくなってしまうことがあるので、ガラスの栓は使わないで、ゴム栓を使用するようにするとよい。

なお、理科教材会社では、薄い水酸化ナトリウム水溶液も販売している。約4％の水酸化ナトリウム水溶液が1Lで約1000円である。

水酸化ナトリウム500gは約1800円。それで、4％の水溶液を作ると、約12.5Lできる。1Lあたり150円弱であり、はるかに格安だ。

ワンポイントアドバイス　手についたら薄めた食酢で中和

実験中に、水酸化ナトリウム水溶液が子どもたちの手につくことがある。手につくとヌルヌルする。放置してはダメだが、5％程度ならあわてることはない。ぬるぬるがとれるまで水洗いすればよい。

洗面器などに水を入れ、食酢を加えて手を洗うと、すぐにヌルヌルがとれてシャキッとする。「すごい」と声があがる。酸とアルカリの中和を肌で実感できる。

化学-34

小6、中1

酸よりアルカリが危ない　〜葉脈標本作りに注意〜

　子どもたちは、塩酸と聞くと怖がるが、水酸化ナトリウムにはあまり恐怖感をもっていない。しかし、本当に恐いのは、強アルカリ性の水酸化ナトリウムなのだ。

　確かに、濃塩酸（36％）を開封すると、白煙が生じ、吸い込むとむせかえったり、咳が出るほどで、危ない感じがする。

　しかし、学校で使うレベルの濃さになると、あまり怖がる必要はない。石灰石と反応させて二酸化炭素を発生させる実験では、5％の塩酸、亜鉛と反応させて、水素を発生させる実験（中学校）では、10％の塩酸だ。

　水酸化ナトリウムは、タンパク質を溶かす性質がある。薄い水酸化ナトリウム水溶液が手につくと、ちょうど石鹸がついたようにヌルヌルする。これは、皮膚のタンパク質が溶けたためだ。

　もし、濃い水酸化ナトリウム水溶液が目に入ったら、タンパク質でできている目の角膜が冒されてしまう。最悪の場合は、失明することもある。水酸化ナトリウムは、塩酸以上に慎重に扱わないといけない。

　水酸化ナトリウム水溶液は、熱するとさらに危険度が増す。したがって、葉脈標本をつくるときは、細心の注意と防護めがねが必要だ。

　葉脈標本を作る際に、児童・生徒に煮させるのは危険が大きい。ヒイラギの葉は固いので、かき混ぜているときに、溶液がはね飛ぶことがある。そのしぶきが、目に入ったりしたらたいへんだ。ましてや、ビーカーをひっくり返したりしたら……。

　私は、自分であらかじめ煮ておいて、その後のブラシの操作から生徒にやらせていた。その方が安全であるし、たくさん葉脈標本を作れるので、子どもたちの満足度も高くなる。

水酸化ナトリウムを扱っている間は、必ず白衣を着て保護めがねをかけるようにする。臭いも出るので換気をよくして煮る。

① 耐熱ガラスの鍋に 10 ～ 15%の水酸化ナトリウム水溶液を入れる。
② ヒイラギやヒイラギモクセイの葉を入れてガスコンロで加熱する。ふきこぼれることがあるので、目を離さないで見ている。
③ 葉が柔らかくなってきたら、割りばしなどで1枚取り出す。水洗いしたあと、歯ブラシでトントンと叩いて、葉の肉が落ちるか確かめる。葉脈がきれいに残るようなら火を止める。
④ 葉をコンテナボックスなどに取り、流水でさらす。急ぐときは酸を少し加えるとよい。使うまで水につけたままにしておく。

葉をポリ袋に入れて冷蔵庫に入れておくと、長期間保存できる。余った葉を捨てずにとっておくとよい。また、水酸化ナトリウム水溶液は、汚くなっても再利用できる。何回も標本作りをする場合は、ポリエチレン製のひしゃくとろうとを使って、ポリエチレンのびんに保管しておくとよい。

授業では、歯ブラシで葉肉を落としたあと、新聞紙で水を吸ってポスターカラーで色づけし、色画用紙に透明ブックカバーで貼り付けた。

ワンポイントアドバイス　葉脈標本は材料選びがポイント

ヒイラギ（写真上）、あるいはヒイラギモクセイがよい。葉脈がとても丈夫なので、多少煮過ぎても影響なくきれいな標本ができる。

ヒイラギナンテン（写真下）という似た植物があるが、煮るとトロトロに溶けてしまい使えない。

また、新緑の時期の若い葉は、ヒイラギでも葉脈が丈夫でないので、夏以降の丈夫な葉を使うとよい。

化学 -35

小6、中学

季節によって反応のようすが変わる

　アルミニウムはくに薄い塩酸を加えると水素が発生する。この実験では、塩酸の温度によって気体の発生のようすがかなり異なる。

　夏の30℃を超えるような理科室で温まった塩酸と冬の10℃以下に冷えた塩酸では、スチールウールやアルミはくとの反応のようすが違う。夏の方が気体の発生が盛んだ。冬は気体が発生するまで待たされることがある。

　気体が発生するときの反応で熱が出るので、最初の温度が高いと、反応熱で液温が高くなり、発生が速くなる。その熱でさらに温度が上がり、反応はますます速くなる。反応が激しすぎて困るときは、ぬれ雑巾で包んだり、氷水の入ったビーカーに試験管を入れたりして、冷やせばよい。

　冬は反応速度が遅いので熱が少ししか発生しない。その少しの熱で液が少しずつ温まるので、時間がたつとぶくぶくと気体が発生するようになる。一度熱くなってしまえば、夏と同じように激しく反応する。

　冬の実験で反応速度が遅くなるのを避けるためには、薄めてある塩酸をぬるま湯につけて温めておくとよい。塩酸の濃度を濃くする方法も考えられるが、反応が進んで温度が上がったとき、激しくなりすぎる危険がある。

小森のエピソード　学習指導要領改訂の影響

　中学校の学習指導要領が、平成10年に改訂されたとき、それまで化学領域→物理領域の順だったのが、物理領域→化学領域の順に変わった。

　夏の暑い日に、風が入らないように窓を閉めてガスバーナーを使う化学実験は、汗だくだったが、それが冬になった。その最初の年は、同じ条件で実験しても気体の発生が弱く戸惑った経験がある。

　しばらく忘れていた温度と反応速度の関係を思い出させられた。

小6、中学

36- 化学

水溶液の濃さや金属の状態で反応のようすが変わる

　薄い塩酸や水酸化ナトリウム水溶液を実験で使う。その際の「薄い」は、一言で「薄い」ではまとめられないほど、濃度が違う。
　私が中学校の実験で使っていた「薄い塩酸」は、次の濃度だった。
　１％…生徒実験でＢＴＢ溶液を用いて、１％水酸化ナトリウム水溶液と中和する実験。
　５％…マグネシウムリボンで水素を発生させる実験。
　　　　石灰石で二酸化炭素発生させる実験。
　10％…亜鉛で水素を発生させる生徒実験。
　小学校の教科書にある塩酸や水酸化ナトリウム水溶液で金属を溶かす実験では、いずれも約10％の濃度である。リトマス紙で酸性、アルカリ性を確かめる実験は、３％程度の濃度で行われている。
　同じ濃度の塩酸でも、金属の状態で反応のようすが変わる。たとえば、マグネシウムリボンの代わりに、マグネシウム粉末を使う場合は、ほんの少しずつ加えるように注意する。一度に入れてしまうと、激しく泡だって水素が発生し、ふきこぼれてしまうことがある。
　中学校では亜鉛を実験で使う。亜鉛には粉末、粒状、華状（コーンフレークのような状態）の３種類がある。粉末は反応が激しすぎて危険である。逆に、粒状は表面積が小さいので、反応が遅い。実験後の回収もしにくい。
　塩酸との反応では華状の亜鉛がおすすめである。

粒状の亜鉛　　　　華状の亜鉛

化学 -37

小6、中3

酸とアルカリを混ぜると？

　酸性の水溶液とアルカリ性の水溶液を混ぜると、お互いの性質を打ち消しあう。しかし、酸とアルカリを混ぜれば必ず中性になるわけではない。
　酸性の水溶液中の水素イオンとアルカリ性の水溶液中の水酸化物イオンが１：１で結びついて、水になる反応が中和である。
　たとえ話でいえば、男の子と女の子がいて、フォークダンスをするために男女で手をつないだとき、男女の数が同じときが、中和して中性になる状態だ。どちらかが多いと、相手がいないで残ってしまう。
　酸とアルカリを混ぜたあと、水素イオンが残っていれば酸性に、水酸化物イオンが残っていればアルカリ性になる。
　上の図では、酸の水素イオンの数が多く、中和した後も残っているので酸性である。
　酸性の水溶液とアルカリ性の水溶液を混ぜたとき、ちょうど中性になることの方がまれである。
　中和の実験をするとき、リトマス紙の赤も青も、どちらも変化しない状態にするのはそれほど難しくない。リトマス紙の感度が低いので、ぴった

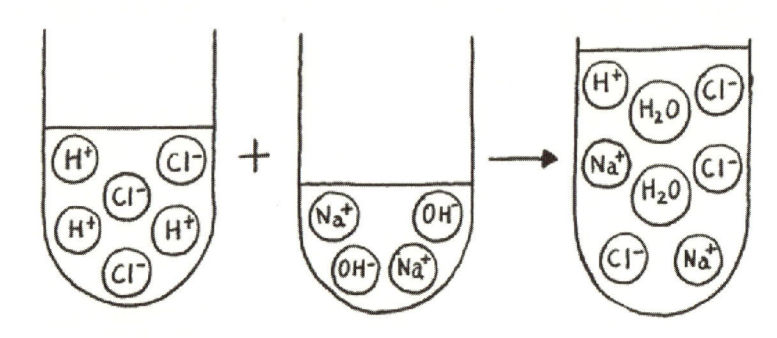

り中性でなく、ごく弱い酸性やアルカリ性でも色が変化しないからである。
　同じ実験を、酸アルカリ指示薬のＢＴＢ溶液でやると、中性の緑色にするのはたいへんだ。スポイトで酸を１滴垂らしただけで、青から緑を通り越して黄色に変化してしまうことがある。
　中学３年でも中和の実験を行う。ＢＴＢの色を中性の緑色にしようと熱中する。１滴の酸性水溶液やアルカリ性水溶液に、たくさんの水素イオンや水酸化物イオンが含まれていると、中性を通り越しやすくなる。
　薄い酸やアルカリの水溶液を使った方がよい。私は、１％の塩酸と水酸化ナトリウム水溶液を使っていた。
　中性になったら、スライドガラスに１、２滴とって、保温用ホットプレートに加熱実験用の金網を２枚重ねで載せた上に置いて、水を蒸発させる。
　保温用ホットプレートがなければ、ドライヤーの弱い温風を下からあてて加熱するとよい。
　いずれも、完全に水分がなくなる前に加熱を止め、最後は余熱でゆっくり乾かすことがポイントである。
　時間がかかるが、ペトリ皿に少量入れ、ほこりのかからないようなところに放置して、自然に乾くのを待ってもよい。
　そうすると、四角い食塩の結晶が現れてくる。顕微鏡で観察すると形がよくわかる。

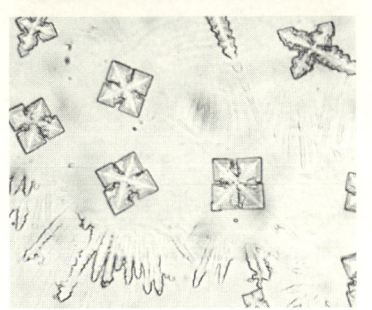

　写真は、それぞれ１％の塩酸と水酸化ナトリウム水溶液で中和させた液を乾燥させ、顕微鏡で撮影したものである。それぞれ５％の塩酸と水酸化ナトリウム水溶液で中和させた方が、結晶を観察しやすい。

化学 -38 　小6、中3

最強の酸・王水

　小学校で使う酸性の水溶液は、塩酸、酢（酢酸）、炭酸水ぐらいだ。この3つの中で一番酸性が強いのが、塩酸だ。炭酸水では、スチールウールは溶けないが、塩酸に入れるとどんどん溶けてしまう。

　でも、塩酸に入れても溶けない金属がある。銅や金だ。

　中学校では、酸として硝酸や硫酸なども扱うようになる。硝酸は、銅を溶かす。しかし、金を溶かすことはできない。

　金は酸にとても強い金属だ。錆びることがない。だから、いつまでも金ぴかに光っているのだ。

　その金を溶かしてしまう最強の酸がある。その名も、ずばり酸の王様、「王水（おうすい）」である。

　王水は、濃硝酸と濃塩酸を混ぜてつくる。混ぜる比率は、濃硝酸1に対して濃塩酸3である。この王水に入れると、金も溶ける。

　王水を作るときの比率は、「1升3円」と覚える。

　1升の王水が3円！

　そんな安いわけがない。硝酸1と塩酸3の比率をこじつけている暗記方法だ。だから、「1硝3塩」と書くのが正しい。

小森のエピソード　中学生時代の理科の恩師

　私が中学生のとき、理科の先生（女性）が密度の学習の際、鉄の密度（7.9g/cm³）は、水銀の密度（13.6g/cm³）より小さいから、鉄は水銀に浮くといって、実際に見せて下さった。

　そのあと、金の密度（19.3g/cm³）は水銀より大きいから、金は水銀に沈むといって、指にはめていた指輪を外してビーカーの水銀に入れて見せ

た。確かに金は沈んだ。

しかし、ピンセットでつまみ出した指輪は、黒くなっていた。水銀と金は混ざり合って、合金（アマルガム）を作ってしまうのだ。

先生は、あわてず、「金も溶かしてしまう最強の酸がある」といって、その場で王水を作り、指輪を入れた。すると、表面の黒い部分が溶けて、元の金色に！　水ですすいで、指に戻した。

今でもこうやって覚えているほど、少年時代の私にインパクトの大きい実験だった。私自身、追試したこともないし、気をつけないと危ない実験なので、おすすめはしないが、「1硝3塩」は、このときに教えていただいた暗記法である。

小森のエピソード　こじつけ暗記法

理科では覚えておかなければならない用語や、反応の色などがある。また、漢字を正しく覚える必要もある。

リトマス紙の色の変化は、青（あ<u>お</u>）から赤（あ<u>か</u>）に変わると、酸性（<u>さ</u>んせい）なので、「おかーさん」と覚える方法が有名だ。このような間違いを防ぐ暗記法をぜひ子どもたちに伝えたい。

顕微鏡の微を徴と間違えて書いてしまうことがある。微（び）は、漢字の一部に「ル」があるので、「ルビー」と覚える。徴（ちょう）は、漢字の一部に「王」があるので、「おうちょう」（王朝）とこじつける。このこじつけ暗記法は、私が中学1年のとき、国語の先生に教えてもらったものだ。漢字を間違えやすい私は、この暗記法にずいぶん助けられた。

私が中学生のときに思いついたこじつけ暗記法の1つに、低気圧のまわりの風向きがある。

低の字の最後に跳ねるところを伸ばすと、左回りになっている。低気圧の周囲では、風が左回りに渦を巻いて、中心に吹き込んでいる。

子どもが理科に夢中になる授業

化学 -39　全学年
薬品取り扱いや実験準備に役立つサイトなど

①埼玉大学芦田研究室「驚きと感動をつたえる理科大好き先生の養成」
「埼玉大学　芦田研」で検索すると出るページの下の方にある。
http://www.saitama-u.ac.jp/ashida/cgi-bin/rikasuki.cgi

溶液の作り方（濃度計算と調製方法）　　　　　　　　一括ダウンロード　最新V
うまく計算できないときはブラウザを新しいものに変えて下さい

Java Applet(酸)	Java Applet(塩基)
酢酸水溶液	アンモニア水
塩酸	水酸化ナトリウム水溶液
硝酸	水酸化カリウム水溶液(AWTの初期版)
硫酸	水酸化カリウム水溶液(Swingの改良版)
シュウ酸水溶液	

「溶液の作り方（濃度計算と調整方法）では、それぞれの薬品の濃度（％でもモル濃度でもよい）や体積を指定すると、薄めるために加える水の量などが自動で計算される。

２つの数字をテキストボックスに入れ，計算するボタンを押してください　Ver. 2006.03.15
100.0　764.2　863.9　5.0　1.401　計算値消去
HCl体積(ml)　希釈水体積(ml)　溶液体積(ml)　百分率濃度(%)　モル濃度(mol/l)　全部消去
溶液の質量＝882.5 g　溶液の密度＝1.022 g/ml

たとえば、100mLの濃塩酸から5％の塩酸を作るには、どれだけの水を入れたらよいか知りたい場合、「HCl体積」に100、「百分率濃度（％）」

に5と入れる。「希釈水体積」を押すと、前ページのように表示される。水を764mL加えればよいことがわかる。また、5％の塩酸は1.4mol/Lであることもわかる。

薄め方や注意事項も書いてあり、とても便利なサイトである。

「身近なpH指示薬」には、酸アルカリ指示薬の作り方や色見本がある。紫キャベツ液の色からpHのおよその値を推測することができる。

身近なpH指示薬

htmファイル（閲覧）	Word2000（印刷）	一太郎12（印刷）
BTB	BTB	BTB
BTB（スペクトル）	BTB（スペクトル）	BTB（スペクトル）
BTB（pH詳細変化）	BTB（pH詳細変化）	BTB（pH詳細変化）
紫キャベツ	紫キャベツ	紫キャベツ
紫キャベツ（スペクトル）	紫キャベツ（スペクトル）	紫キャベツ（スペクトル）
紫キャベツ（pH詳細変化）	紫キャベツ（pH詳細変化）	紫キャベツ（pH詳細変化）
赤カブ	赤カブ	赤カブ
赤カブ指示薬の作り方	赤カブ指示薬の作り方	赤カブ指示薬の作り方
赤ダイコン	赤ダイコン	赤ダイコン
紫イモ	紫イモ	紫イモ

②理科ねっとわーく「これで完璧！実験の基本200」

http://rikanet2.jst.go.jp/contents/cp0100a/start.html

「器具・薬品の使い方」に薬品の使い方や注意点がある。実験器具の使い方も参考になる。学年別の実験紹介、安全対策なども充実している。

③日本理科教育支援センター「はじめての理科実験・化学編」

小学校の化学領域の実験のコツを、小森が実演、解説したＤＶＤ。実験器具の基本操作（30分）と各学年の教科書にある全20実験（70分）について事故防止の留意点も充実。詳しくは日本理科教育支援センターのサイト http://tes.starclick.ne.jp/nrs.htm にある。下記にて販売している。

志村ワークス　ＦＡＸ：０４２－４７５－７９３０
　　　　　　　e-mail：shimura@wine.ocn.ne.jp

子どもが理科に夢中になる授業

物理-1

全学年

物理実験で気をつけるポイント

　今回の学習指導要領改訂では、電流単元が充実し、小学3年から6年まで各学年で学習する。内容をみると、かつての回路中心の学習から、電気エネルギーとその変換が重視されていることがわかる。
　また、風やゴムのはたらき、てこの利用などが新しく加わり、ものづくりをしたり、身の回りでの利用についても学ぶようになっている。

①感電やショートに注意

　電気の実験の際、豆電球のコードなどをコンセントに差し込むこともある。小学校では、電圧について扱わない。しかし、「電気を流そうとするはたらきの大きさ」程度に扱っておきたい。コンセントにきている電気は100 V、乾電池は1.5 Vであり、コンセントの電気は、乾電池の70倍近い電圧があることを教えておけば、コンセントにいたずらしなくなるだろう。
　感電防止と器具の破損防止のために、電源装置などの電気器具に水がかからないようする必要がある。電源装置を水道の蛇口近くに置いたり、上にビーカーを載せたりすることがないように注意したい。
　ショート回路にも注意が必要である。電源装置や乾電池のプラスとマイナスを針金やコードで直結すると、抵抗が小さいので大電流が流れ、コードや電池が熱くなり危険である。電源装置は、ショートさせると安全装置が作動する。

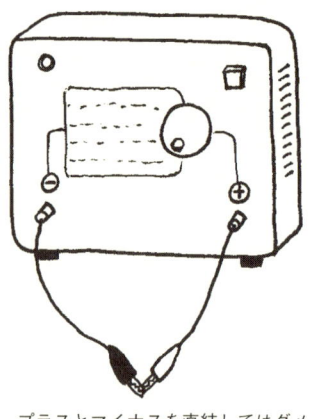

プラスとマイナスを直結してはダメ

マンガン乾電池もアルカリ乾電池も、どちらも電圧は 1.5 V で同じある。しかし、アルカリ乾電池の方が電池自体の抵抗が小さく、ショートさせると大電流が流れる。

乾電池タイプで普及している充電池は、ニッケル水素充電池である。電圧は 1.2 V であるが、電池自体の抵抗がとても小さい。ショートさせると、たいへん大きな電流が流れ、火傷したりする危険がある。

②力学実験は大規模に

「化学実験は小規模に」の反対で、「物理実験は大規模に」が基本である。ふりこの長さや、てこのうでの長さをm単位にしたり、おもりを砂袋にしたりするとよい。

大規模にすると、誤差が目立たなくなるメリットがある。また、力の大きさや、力の大きさの違いを体感できるようになる。

風の力も、下敷きサイズの小さな紙（段ボール）と画板サイズの大きな紙で比べれば、受ける力の大きさの違いを体感できる。

ただし、大規模化するとおもりが落ちてけがをしたり、力に耐えられずに道具が破損する危険もある。強度がしっかりしたものを使い、指を挟まれたりしないよう取り扱いにも注意したい。

小森のエピソード　漬け物用重石で力学実験

中学校での力や仕事の単元で、私はおもりに6kgの漬け物用重石を使っていた。滑車やロープもホームセンターの丈夫な大工用品を使った。

浮力の学習では、ひもでつるした重石を、大きなポリバケツに入れた水に入れていく。浮力のおかげで、軽くなるのがよくわかる。

2人で持ち上げる角度が大きくなると分力が大きくなることや、動滑車で力が小さくなることもよくわかった。

100gのおもりを使って力が半分になっても、動滑車のメリットを体感することはできない。6kgの重石を使うと楽になることを実感できる。

子どもが理科に夢中になる授業

物理 -2　　　　　　　　　　　　　小3

豆電球の中はどうなっている？

　小中学校の電流単元では、豆電球をよく使う。豆電球の中を電流が流れている道筋（回路）について小学3年で学習する。

　しかし、その単元以外では中を意識して使うことがないので、忘れてしまっている場合が多い。大学2年生（文系コース）に、豆電球の中の電気の通り道を描いてもらったところ、下のようになった。正解は右端だ。

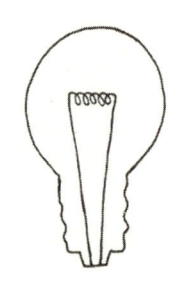

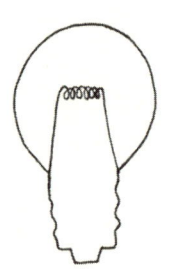

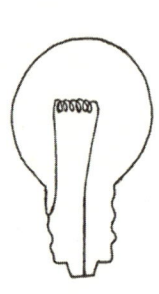

　ソケットにはめて使っているので、左端のように誤解する学生が一番多かった。ソケットなしで、豆電球を乾電池と導線1本で点灯させるとよい。

　豆電球の出っ張っているところと、ねじの金具のところが電気の出入り口になっていることがわかる。

ワンポイントアドバイス　ソケットを分解

　ソケットのプラスチック枠をペンチで軽くつぶすと、中の金属部分を取り出すことができる。

　ソケットの下から2本入っている導線の先が2カ所に分かれてついていることがよくわかる。

　その状態で豆電球をはめると、豆電球への電気の出入り口がどこか理解しやすい。

小3

電気を通すもの・通さないもの

3- 物理

　教科書には、電気を通すか、実験で確かめるものとして、ものさし、色紙、クリップなどが載っている。しかし、この実験で学ぶことは、ものさしが電気を通すか通さないかではない。

　ものさしにも、竹製、プラスチック製、金属製のものがある。何でできているものが電気を通すかが問題なのだ。

　小学校の教科書では「もの」といっているが、中学校では、「物体」と「物質」に区別して使うようになる。

　ものさしは、物体としてのものである。物体とよぶときは、形やはたらきを意識している。それに対して、物質とよぶときは、何でできているか、材質に注目している。

　たとえば、コップというときは物体で、水や飲み物を入れるはたらきがあれば、紙、ガラス、金属、木など、何でできているかは関係ない。

　この材質の違いに着目させるなら、ものさしを用意する際に、教科書にある竹製のものだけでなく、プラスチック製のもの、金属（鉄）製のものを用意したい。

　クリップも、ふつうの金属製クリップのほか、プラスチックで覆ってあるカラークリップを用意する。そうすると、中の物質は電気を通しても、外をプラスチックで覆うと電気を通さないことを確認することができる。

　教科書では、それを空き缶で確かめさせている。同じことを色紙でもできる。教科書どおりの赤や青の色紙で確かめたあと、金色、銀色の色紙は、電気を通すか発問するとおもしろい。紙は電気を通さないと思うが、金紙に電極を強く押しあてると豆電球がつく。薄いアルミはくを貼りつけた紙にオレンジ色の塗料が塗ってあるのだ。

子どもが理科に夢中になる授業

物理 -4

小4、中2

乾電池の直列つなぎと並列つなぎ

　小学校では、乾電池の直列つなぎと並列つなぎを４年生で学習する。乾電池のつなぎ方による違いを、豆電球の明るさやモーターの回転数で確かめたり、検流計で確かめる。しかし、電圧については小学校では扱わない。

　電圧については、中学２年になって、「電流を通そうとするはたらきの大きさ」として学ぶ。

　私は、乾電池の直列つなぎと並列つなぎの電圧を、水圧（水の高さ）にたとえて説明していた。

並列つなぎでは水圧は電池１個のときと同じ　　　　直列つなぎでは水圧が大きくなる

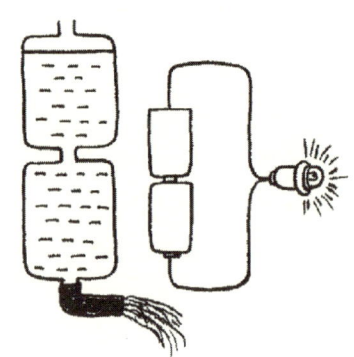

ワンポイントアドバイス　　コンデンサーをペットボトルにたとえる

　コンデンサーにたまった電気で、豆電球をつけると数十秒で消えてしまうが、発光ダイオード（ＬＥＤ）だとずっと長くついている。

　コンデンサーをペットボトルにたとえると、豆電球をつないだときは、大きな穴を開けたようなもので、水がすぐに流れ出てしまう。

　ＬＥＤをつないだときは、小さな穴を開けたようなもので、水が少しずつ流れ出て長持ちする。

物理

小4、中2

豆電球の直列つなぎと並列つなぎ

5- 物理

　かつては、小学校でも豆電球を複数つないで、明るさの違いなどを確かめていた。現在は、豆電球1つの回路しか作らない。
　中学校では、豆電球や抵抗器の直列つなぎ（回路）と並列つなぎ（回路）について電圧や電流を測定し、規則性を見いだす。私は、直列回路は竜頭の滝（2段の滝）、並列回路はナイアガラの滝（二またの滝）にたとえて説明していた。

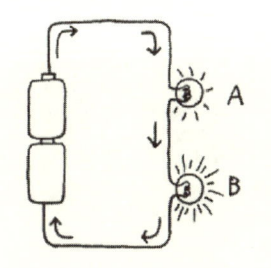

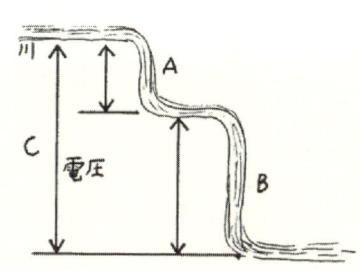

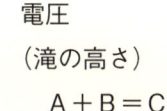

電圧
（滝の高さ）

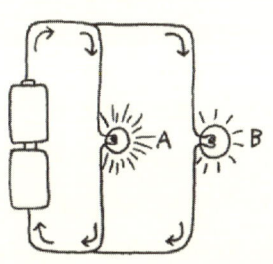

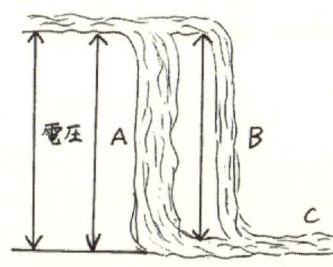

A＋B＝C

電流（水量）

A＝B

電圧
（滝の高さ）

A＝B

電流（水量）

A＋B＝C

この図の豆電球は、Aの方が抵抗が小さく、同じ電圧ならBより明るく光る

69

物理 -6　　　　　　　　　　　　　小6、中2

発電機とモーターは同じ

　手回し発電機の中を見ると、モーターと歯車が入っていることがわかる。モーターであることを確かめるには、発電機のコードに乾電池をつなぐとよい。ハンドルが回転する。モーターは発電機にもなるのだ。
　エネルギーの目でみると、エネルギーの変換方向が反対になっていることがわかる。

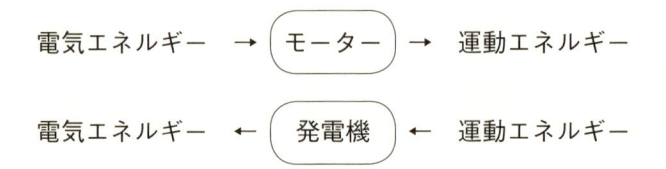

　　電気エネルギー　→　モーター　→　運動エネルギー

　　電気エネルギー　←　発電機　←　運動エネルギー

　2台の手回し発電機のコード同士をつなぎ、片方のハンドルを回すと、もう一方が動き出す。手で回している方は発電機として働いているが、もう一方はモーターとして働いていることになる。
　モーターは発電機といっても、モーターの回転軸を手で持って回しても豆電球はつかない。手で回す程度では、電圧が低いのだ。
　モーターに検流計をつないで、回転軸を手で回すと、針が振れて電気が起こっていることを確かめられる。
　モーターの軸を回して、豆電球をつけるには、かなり速く回さなくてはならない。手回し発電機のハンドルを手で回すと、複数の歯車の組み合わせによって、回転速度が大きくなるようになっている。ハンドルを1回転させると、モーターの軸は約50回転している。そのため、電圧が大きくなるのだ。
　子どもたちに簡単に実験させる方法として、モーターの軸に糸を巻き、

引っぱって回転させるという方法がある。

　ただし、金属の軸に直接糸を巻いても、滑ってしまい、うまく回転しないことが多い。滑らないようにするために、自転車チューブの虫ゴムや網戸のゴムパッキンを利用するとよい。いずれも百円ショップなどにある直径 3〜4 mm 程度の中空のゴム管だ。モーターの軸（直径 2 mm）に、ちょうどよくはめることができる。短く切って軸にはめると、摩擦が大きくなり、糸が滑らない。

　もう一つの方法を紹介する。糸ではなく、細い角材を軸にあて、押したり引いたりして軸を回す方法である。このとき、角材のままでは滑ってしまい、うまく軸が回らない。

　一辺 1 cm 程度の角材 30cm ぐらいと布製の荷造りテープを用意する。テープを角材より少し長く切って、粘着面を上にして机の上に置く。角材をテープの上に置き、海苔巻きを作る要領でテープをきっちりと巻く。両端のはみ出した部分をカッターで切るときれいにできあがる。布製荷造りテープによって摩擦が大きくなり、こするとモーターの軸がよく回る。

　この実験セットは、ナリカから「モーター発電セット」という名前で販売されている。

　自作する場合は、モーターは、1.5 V で動く模型工作用の安いもので大丈夫。豆電球は、学校にある普通の 1.5 V 用のものでよい。

　なお、太陽電池専用モーターに赤色発光ダイオードをつなぎ、軸を手で速く回転させると点灯する。

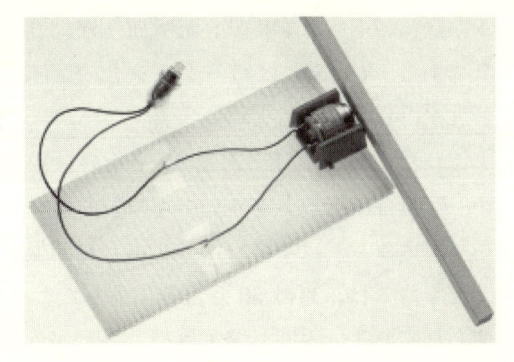

子どもが理科に夢中になる授業

物理 -7　　　　　　　　　　　　　　小6

手回し発電機の実験で気をつけること

　手回し発電機やコンデンサーには、いろいろな規格のものがある。購入し、実験する際には、規格や組み合わせ、使い方に注意する必要がある。
①手回し発電機と豆電球の規格
　以前から販売されている手回し発電機（以下、高電圧タイプ）は、最高電圧が10Vを超えるものが多い。
　高電圧タイプを小学校でよく使っている2.5V用の豆電球につないで使うと、すぐ切れてしまう。高電圧タイプがある場合は、6.3V用の豆電球を使えば大丈夫である。写真のように、6.3V用豆球は細長い。
　小学校で使うことを前提に、新しく低電圧タイプの手回し発電機が発売されている。たとえば、ナリカのゼネコンV3（ハンドルが緑色のゼネコン）は、最大電圧が約3Vである。（V3にはバージョン3の意味と3Vの意味があるとのこと）
　これなら、小学校にある2.5V用の豆電球を使っても、切れることがない。写真は、緑ハンドルのゼネコンV3である。
※「ゼネコン」は（株）ナリカの登録商標。
　ゼネコンは、累計50万台を出荷したという。日本だけでなく海外でも使われている。手回し発電機は、日本が世界に誇る理科教材の1つである。
②手回し発電機とコンデンサーの規格
　手回し発電機とコンデンサーの実験では、電圧に注意する必要がある。黒く細長い形のコンデンサー（次ページ写真右）は、2.3V用である。

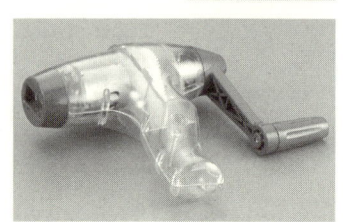

規定より多少高い電圧で使っても、すぐに壊れることはない。しかし、2.3 V用のコンデンサーに高電圧タイプの手回し発電機を2台つないで大人が思いきり回したら、破損したという。子どもたちは、コンデンサーにたくさん電気をためようと、複数の手回し発電機をつなぐかもしれない。コンデンサーには手回し発電機を1台だけと、注意する必要がある。

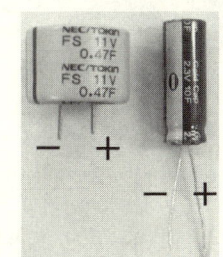

高電圧タイプの手回し発電機を使う場合は、色が水色などで太く短い形のコンデンサー（写真左）を使う。教材用に出ているこのコンデンサーは、5.5 Vあるいは11 V用のもので、高電圧タイプの電圧にも耐えられる。ただし、こちらの場合も、複数の手回し発電機をつながないようにしよう。

手回し発電機でコンデンサーに電気をためて豆電球などをつける実験は、2人組で行うようにする。ひとりが決めた回数だけ発電機を回したら、もうひとりがコンデンサーを外す。ひとりで実験したり、つないだままにしていると、コンデンサーから電気が逆流してハンドルが回る。面白いと見ているうちに、コンデンサーの電気がなくなってしまう。

※コンデンサーの＋・－は、種類によって異なる。写真右の細長いコンデンサーでは短い足が－だが、左のは長い足が－である。

③大は小を兼ねない

2.3 V用のコンデンサーは、容量が4.7 F（ファラッド）と10 Fの2種類が教材として出ている。容量が大きい方が、満タンにすれば長く豆電球がつく。しかし、ＬＥＤ（発光ダイオード）を点灯させる実験では、容量が小さい方が適している。

容量が大きいコンデンサーは、底面積の大きい水槽（タンク）のようなもの。手回し発電機で水を入れていっても、底面積が大きいとなかなか高さ（電圧）が増えない。

ＬＥＤは、約2Ｖの電圧がないとつかない。10 Fのコンデンサーを使った場合、回転数が少ないとＬＥＤが点灯しないことがある。

子どもが理科に夢中になる授業

物理 -8　　　　　　　　　　　　　　　　小6

ハイブリッド自動車の原理を実験で体感

「手回し発電機で電気をつくることができる」、「コンデンサーに電気を蓄えることができる」だけで終わらせず、その利用方法を紹介したり、考えさせたい。

手回し発電機とコンデンサーを使うと、ハイブリッド自動車の原理を子どもたちに理解させることができる。さらに、ハイブリッド自動車開発に携わった人々の気概なども子どもたちに伝えたい。

理科が生活や社会に利用されていることを子どもたちに伝えると、理科を学習する意義を感じるようになる。また、日本の技術の高さや技術者の気概に誇りをもつとともに、そのようなことに関わる職業に就きたいと思う子どもたちが増えるはずだ。キャリア教育の要素は、特別活動だけではなく理科授業にもあるのだ。

実験例

ハイブリッド自動車では、電気を充電池にためている。ここでは、代わりにコンデンサーを使って実験する。

実験は、2人組で行う。一人はエンジン役、もう一人は制御役だ。ハイブリッド自動車では、状況に応じて回路が切り替わっている。コンデンサーへの配線をつないだり外したりする役割を制御役が行う。

手回し発電機のハンドルに、厚紙に描いたタイヤを貼り付け、エンジン役が手でハンドルを回しているとき、車はエンジンで走っていることになると子どもたちに説明する。

①コンデンサーには、片方のコードだけつないで実験をスタートする。

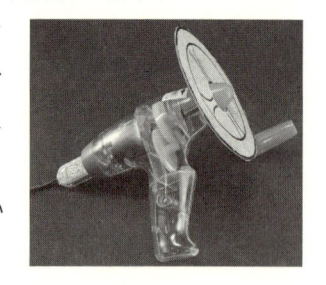

エンジン役が回す……車はエンジンで走っている。
②回している状態で、制御役がコンデンサーにもう1本のコードをつなぐ。
ハンドルが重くなりブレーキがかかる……発電し、電気を蓄えている。
※本物のプリウスでは、ブレーキをかけるとエンジンが止まるが、この実験では、手ごたえを感じさせながらハンドルを回し続けさせる。
ハイブリッド自動車の種類によっては、エンジンが回転し続けている。
③制御役はコードを片方だけ外す。エンジン役は回すのをやめる。
車が止まる……エンジンも止まっているので、アイドリングストップ。
④制御役がもう1本のコードをつなぐ。
ハンドルが回り出す……車がモーターで走っている。

この実験をすると、大人でも「ハイブリッド自動車のしくみが初めてわかった」と納得する。

ブレーキをかけるとき、普通の車は摩擦で止まるので、運動エネルギーは熱エネルギーになって逃げていく。それに対して、ハイブリッド自動車では、ブレーキをかけると運動エネルギーが電気エネルギーに変えられて蓄えられる。

自動車は発進するときに一番ガソリンを消費する。その発進するときに、エンジンを使わず蓄えた電気を使いモーターで動くので、エネルギーの無駄が少なく、燃費がよいのだ。

トヨタ自動車がハイブリッド自動車の研究に着手したのは、1969年である。技術者たちは、「すごい革命を起こすかもしれない」と可能性を信じ、30年近く試行錯誤を重ね、プリウスを完成させた。

小森のエピソード　電車もブレーキで発電

かなり前になるが電車の一番前で運転席の電流計を見ていたことがある。発車するときはプラス側に針が振れた。駅と駅の中間あたりでは、ゼロ。惰性で走っていた。遠くに駅が見えてきたら、電流計の針がマイナス側に触れた。発電してブレーキをかけ、架線に電流を戻していたのだ。

子どもが理科に夢中になる授業

物理 -9　　　　　　　　　　　　　　　小6

電気による発熱実験で気をつけること

　小学6年の「電気の利用」では、電気エネルギーから熱エネルギーへの変化を学習する。同じ長さで、太い電熱線と細い電熱線を用意し、同じ電圧をかけて電流を流す。太い方が熱くなる（発熱量が多い）ということを確かめる。

　この実験用に、教材会社からは各種の実験教材が販売されている。いくつか留意点を紹介したい。

①電熱線に直接触らない

　目でみても何℃になっているかわからない状態だ。触ってみたら熱くて火傷では困る。電熱線には直接手を触れないように注意しておきたい。

　市販の製品の中には、電熱線がガラス管の中に入っていたり、プラスチックでおおわれていたりして、触って感じるようにできているものもある。規格どおりの電圧で使用していれば、触っても大丈夫だ。

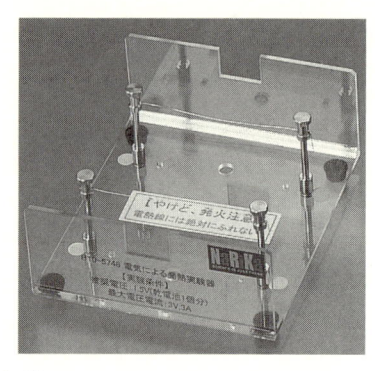

　そのような製品でも、サーモテープという高温で色が変わるテープを貼っておくと、熱くなるようすが見えるので便利である。

②使い古しの乾電池は使わない

　乾電池を使って実験していると、細い電熱線が太い電熱線より早くロウなどがとけることがある。これは、電池が古くなったことに原因がある。

乾電池は、古くなると電池そのものの抵抗（内部抵抗）が大きくなる。電池だけで電圧を測ると1.4Vぐらいあるのに、豆電球をつないで電流を流したとたんに、電圧が下がってしまう。

　電気による発熱実験器では、電熱線の太さが2倍太くなると、抵抗は4分の1になる。同じ電圧なら4倍電流が流れる。

　電流が大きいと、古い電池では電熱線にかかる電圧が下がり、結果として電流も小さくなる。

　発熱量は、電力（＝電圧×電流）に比例するので、太い電熱線の発熱量が細い電熱線の発熱量より小さくなってしまうこともある。

　この実験では、新しい電池を使うようにしよう。

③古い電源装置は使いにくい

　中学校で使うような取り扱いの難しい電源装置が、小学校の理科室に残っていることがある。1.5Vで実験しようとしても、つまみをちょっと多めに動かすだけで、電圧が高くなってしまう。電熱線が熱くなりすぎて危険である。

　新しい電源装置には、1.5V、3.0V、4.5Vのように電池の電圧に対応した押しボタン式のスイッチで電圧を変えるものがある。

　写真の電源装置は、上限の電流を裏側のスイッチで設定しておくと、子どもたちが間違って高い電圧ボタンを押しても、設定値以上の電流が流れないようになっている。警告音も鳴るので、ミスに気づく。

物理-10

小6

電気による発熱の自作教材

　電気による発熱実験器を自作する場合、下記のサイズにすると市販品と同等になる。

ニクロム線の長さ　8cm　　　太さ　直径0.2mmと0.4mm

　下の写真は、板に釘を8cm間隔に打って、太さの違う2本のニクロム線を巻きつけて固定したものである。

　しかし、写真のように釘にミノムシクリップをはさんで実験すると、うまくいかない場合が多い。

　釘とニクロム線の接触部分の抵抗が、ニクロム線そのものの抵抗に比べ無視できないほど大きいのだ。

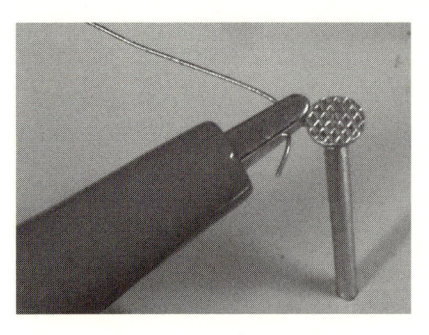

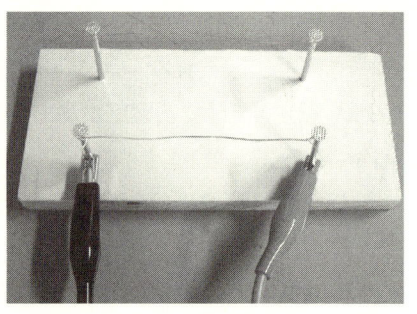

　接触部分の抵抗の影響をなくすために、左の写真のようにニクロム線をはさめば大丈夫である。

　ただし、釘から離れたところではさむと、電熱線の長さが短くなるので、釘の近くではさむようにする。

物理

小6、中3

電気で熱を運ぶ

11- 物理

　電気ストーブや電気コンロは、電流が流れることによって電熱線が熱くなることを利用している。
　それに対して、エアコンの暖房は外の熱を室内に運ぶというヒートポンプとよばれる方式を使っている。電気は、熱を発生させるために使うのではなく、熱を運ぶために使うので、電気ストーブより少ない電気で部屋を暖めることができる。
　電気の使用量が少なくて済むので、経済的に節約になるだけでなく、火力発電に伴う二酸化炭素発生量も減らせるので環境にもよい。
　エアコンは、冬は外から室内に熱を運び暖房として使うが、夏は室内の熱を外に運ぶことによって冷房として使っている。
　冷蔵庫も同じような原理で、冷蔵庫内の熱を外に運んでいる。冷蔵庫の裏側が暖かいのは、外に出した熱のためである。
　車に載せて使うようなポータブルの温冷庫には、ペルチェ素子（熱電変換素子）が使われている。電流が流れると、一方の面が冷え、もう一方の面が温まる部品である。電流の向きを変えると、冷える面と温まる面が逆転するので、スイッチで保冷庫と保温庫の切り換えができる。

ワンポイントアドバイス　逆も真なり

　ペルチェ素子の片面を冷やし、もう一方を温めると、電流が流れる。
　温度差発電の実験ができる。

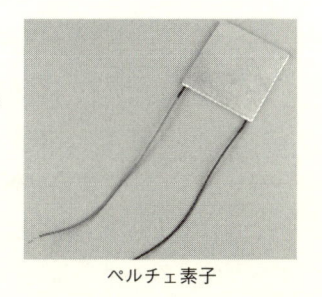

ペルチェ素子

物理 -12

小4、中3

太陽電池と乾電池の違い

　乾電池は使っているうちにだんだん電圧が下がり、使えなくなってしまう。乾電池の中には、電気が詰まっているのではなく、化学変化の材料となる物質が入っている。

　ボルタの電池として、中学校では薄い硫酸などに、銅板と亜鉛板を入れると電池ができることを実験する。その場合、亜鉛が溶ける。備長炭電池の場合は、アルミニウムはくが溶けていく。

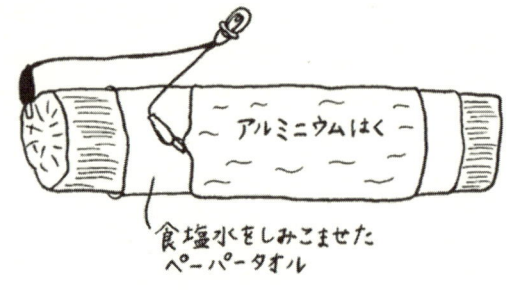

備長炭電池

　化学変化が起きているのだ。同じように、乾電池の中でも化学変化が起きて、電流が流れる。このような化学変化によって発生する電流を利用しているものを化学電池という。

　物質のもっている化学エネルギーが、化学変化によって電気エネルギーに変化しているのだ。

化学エネルギー　→　電気エネルギー

　化学電池はさらに3種類に分けられる。乾電池のように1回限りの電池が一次電池、充電して繰り返し使える電池が二次電池、ガスなどを供給して電気をつくる電池が燃料電池である。

　それに対し、太陽電池は電池と名前がついているが、光さえ当たればずっと使える。半永久的といいたいところだが、少しずつ性能が落ちるの

で、寿命は20～30年といわれている。

太陽電池は、半導体の一種で、光が当たると電流が流れる。いわば光エネルギーから電気エネルギーへの変換器だ。

```
光エネルギー  →  電気エネルギー
```

だから、原理的に減るものはなく、光さえ当たれば電流が流れる。このようなタイプの電池は、物理電池といわれている。物理電池には、熱エネルギーを電気エネルギーに変える熱電池というものもある。

ワンポイントアドバイス　ライフ・サイクル・アセスメント

太陽電池を利用して電気を発生させる際には、二酸化炭素が発生しないので、環境によいといわれている。

しかし、太陽電池の原料を掘り出して精錬し、製品にするまでにはエネルギーを消費しているので、二酸化炭素が発生していることになる。また、太陽電池パネルを廃棄処分する際もエネルギーを使う。

だから、太陽電池パネルを短期間しか使わないで捨てたら、環境にはマイナスである。

製造から使用、廃棄までのトータルでのエネルギー収支を考えて評価することをライフ・サイクル・アセスメントという。そのような考え方を子どもたちにも教え、意思決定、判断の際に使えるようにしたい。

小森のエピソード　太陽光発電の腕時計にも寿命がある

「電池交換がいらない」というキャッチフレーズにひかれて、太陽光発電の腕時計を買ったことがある。半永久的に使えると思っていたら、太陽電池より先に電気をためる装置の性能が低下したようで、朝になると止まってしまうようになった。

物理 -13　小6、中3

燃料電池の原理

　未来の自動車として燃料電池自動車が話題になることがある。小学校の理科教科書にも登場する。燃料電池はどんなものなのだろうか？

　「燃料」電池という名前から、何かを燃やして電気をつくっているように思うかもしれない。しかし、何も燃やしてはいない。

　水素燃料電池では、水素と酸素（空気中の酸素を利用）から水ができるという反応で、電気をとり出している。

　水素と酸素を混ぜて火をつけると、爆発する。Ｈ２Ａロケットは、その爆発力で飛び上がっているといってもよい。

　しかし、触媒を利用すると、爆発せず静かに反応して水ができて、電気が発生する。触媒というのは、化学変化をスムーズに行わせる物質であり、触媒そのものは変化しない。使っても減ることはない。したがって、水素と酸素を送り続ければ、いつまでも電流が取り出せる。もちろん、装置の寿命があるので永久にとはいかない。

```
水素燃料電池    水素 ＋ 酸素 → 水
                            ⇓
                           電気
```

　これは、水の電気分解の反対の反応である。

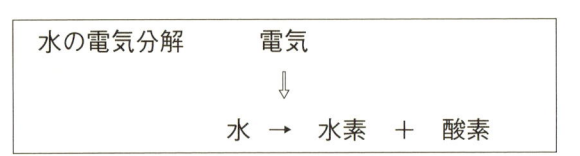

```
水の電気分解   電気
              ⇓
         水 → 水素 ＋ 酸素
```

　燃料電池の触媒には、現在、白金（プラチナ）が使われている。1台の

燃料電池自動車に 100 g のプラチナが使われているといわれている。そのため、燃料電池自動車はたいへん高価なものになっている。

プラチナ以外の触媒も研究開発中である。安い燃料電池が実用化される日も遠くないだろう。

燃料電池自動車はまだ一般家庭には普及していないが、少しずつ普及しているのが家庭用燃料電池である。

「エネファーム」という名前を聞いたことがあるだろう。ガスや灯油から水素を発生させ、電気をつくっている。その際に発生する熱でお湯を沸かすので、電気と熱の両方を供給できる。

水素を作る段階では、二酸化炭素が発生しているが、電気と熱を合わせて利用できるエネルギー効率が 80％ にもなり、省エネ効果が大きい。

ワンポイントアドバイス　コストやデメリットも考える

21 世紀になった直後、「21 世紀は水素社会」といわれ、水素燃料電池自動車がその象徴であった。排ガスは水しか出ないので、究極のクリーンエネルギーといわれている。当時の小泉首相が水素燃料電池自動車に乗っているシーンがマスコミに登場した。

私は授業で生徒たちに、1台1億円以上することを紹介したあと、「ただで水素燃料電池自動車がもらえたとして、使えるかな？」と発問した。

生徒たちは「水素を入れる場所がない」と答えた。

水素電池自動車が安くなっても、燃料となる水素を入れる場所（水素ステーション）が、全国各地にないと、ガス欠ならぬ水素欠になってしまう。

そのような施設を全国につくる費用を考えた場合、水素燃料電池自動車が実際に普及するまでのハードルはかなり高いといえる。

新しい技術が話題になるとき、そのメリットだけではなく、コストやデメリットも考える必要があることを子どもたちに伝えたい。

もちろん、コストを下げることやデメリットを解決することもできるだろう。「その課題を解決するのは君たちなんだよ」と伝えよう。

物理-14

小5

ふりこの実験のコツ

　ふりこの実験では、ふりこの長さ、おもりの重さ、振れ幅を変えて、周期（1回ふれる時間）がどう変わるかを実験する。
　この実験では、3つの条件をバラバラに変えてしまうと、どの条件が周期にどう関係しているのかわからなくなってしまう。そこで、
　ふりこの長さを変えて実験するときは、おもりの重さと振れ幅は一定
　おもりの重さを変えて実験するときは、ふりこの長さと振れ幅は一定
　振れ幅を変えて実験するときは、ふりこの長さとおもりの重さを一定
のようにする。このように条件を制御して実験する方法を学ぶのも、ふりこの実験で重要なことである。
　実験をうまく行うコツをいくつか紹介する。

①ふりこの長さ＝糸の長さではない
　糸をつるしてあるところから、おもりの重心までの距離が、ふりこの長さになる。

②糸の支え方
　割りばしを実験用スタンドに固定し、割りばしのすきまに糸をはさんで使う（図：左）とよい。長さを変えるときは、糸を引っ張って簡単に調節できる。
糸を輪にして引っかける方式（図：右）では摩擦が生じてしまう。

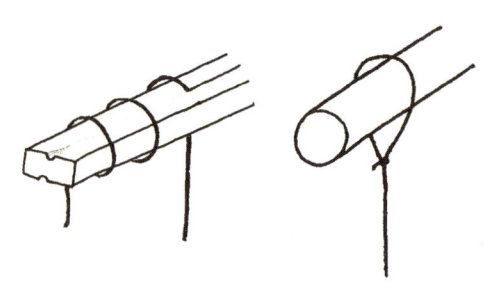

③ふりこの重さを変える
　糸の先に実験用のおもりを縦につないでいくと、おもりの重心が変わっ

てしまう。おもりを付け足す場合は、縦につり下げて増やしたのでは、ふりこの長さが大きくなる。一カ所にかけて増やさなくてはいけない。

便利なのがドーナツ型の磁石を糸で結んでおもりにする方法だ。磁石を横につけて増やしていけば、簡単におもりの重さを変えることができる。

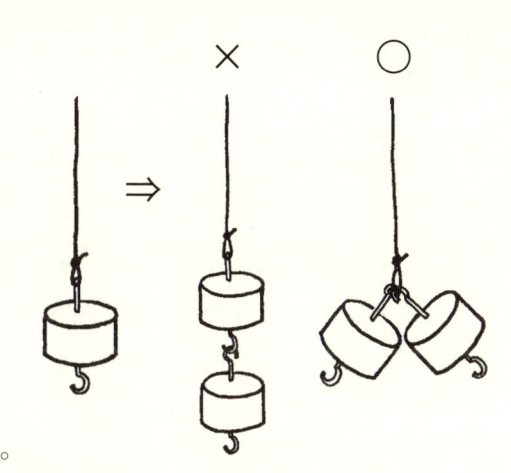

④振れ幅は片側30°以内で変化させる

ふりこの周期は、ふりこの長さだけに関係していて、「振れ幅に関係ない」というのが教科書のまとめになっている。

しかし、これは振れ幅が小さいときに成り立つことであり、振れ幅を大きくしていくと周期が少しずつ長くなってしまう。

ふりこの長さが1mの場合、振れ幅がごく小さい場合は2.01秒であるが、30°では2.04秒、60°では2.14秒と少しずつ長くなる。90°にすると2.32秒になる。

子どもたちが混乱しないために、振れ幅は片側30°以内で実験した方がよい。

⑤糸がV字になっている装置

1本の糸だと振れる面が変化して、柱や机にぶつかってしまうことがある。それを避けるために、V字になった2本でおもりを支える実験装置がある。

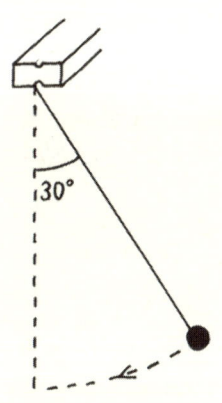

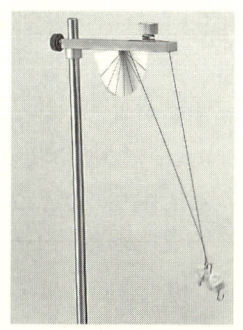

地学 -1　　　　　　　　　　　　　　　　　小6、中3

太陽の大きさ、宇宙の距離感を実感させよう

　教科書では、見開きページに太陽と太陽系の惑星が並べて描かれていることが多い。実際は星と星の間は、ものすごく離れている。また、太陽はものすごく大きい。それらを実感させる方法を紹介する。

① 10億分の1の月、地球、太陽

　実物の1億分の1にした月（直径35mmの発泡スチロール球）と地球（直径13cmぐらいの小さな地球儀）で月と地球の関係を授業できる。この縮尺で、「太陽の大きさはどのくらいでしょう？　手で大きさを作ってみて」と発問するとおもしろい。

　小学生ぐらいの子どもたちは、地球と同じぐらいの丸を作る。

　1億分の1にした太陽は、直径14mである。地面に置いたら上は校舎の3階の天井まであるような大きさだ。

　「これだと、教室に入らないから10億分の1にします」と言って、10億分の1の月と地球を示す。

　　月……直径4mmのビーズ　　地球……直径13mmぐらいのビー玉

　「太陽は…」と言って、ビッグバルーンをブローワー（ホームセンターなどで売っている落ち葉やゴミなどを吹き飛ばす送風機）でふくらませる。

　風船が大きくなっていくと、近くの子どもたちは身を引いていく。直径1.4mまでふくらませると10億分の1の太陽だが、ビッグバルーンは1m用の風船なので、1mを超えたあたりで送風をやめる。

　教科書や資料集などには、太陽は地球の109倍（おおざっぱに言えば100倍大きい）とある。風船の前にビー玉を置いてみせる。巨大風船はビー玉の100倍には見えない。はるかに大きい。教科書にウソが書いてあ

る？　ウソは書いてない。直径が100倍なのだ。目に見える面積で言えば、100の2乗で1万倍大きい。さらに、この風船のように立体的に作ると、100の3乗で100万倍大きい。巨大風船の中にビー玉が100万個入る！

　大きな黒点は、巨大風船の上に置いた手の平ぐらいある。地球が何十個も入ってしまう。太陽から噴き上がる炎のようなプロミネンスも、地球をひとなめしてしまう大きさだ。

　この10億分の1にしたとき、太陽は地球から150mの距離にある。「太陽が遠くにあってよかった」といえる。

🧑 ワンポイントアドバイス　ビーズを落とさないために

　10億分の1の月モデル＝ビーズを、落としたりしてなくさないように爪楊枝にさしておくと扱いやすい。

② 1500億分の1太陽系モデル

　教科書などに、太陽から地球までの距離を1としたときの、それぞれの惑星の太陽からの距離（公転半径）が載っている。この数字をそれぞれの惑星の太陽からの「m」単位の距離にして、廊下に油性ペンで公転軌道を書くとおもしろい。太陽から地球までの距離は、約1億5000万kmなので、このモデルは、実物の1500億分の1となる。

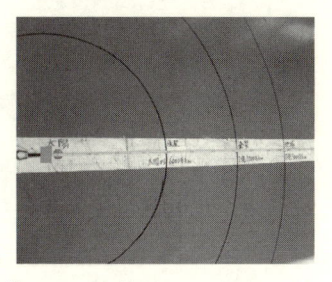

　廊下の端近くに太陽を赤で書き、巻き尺の0mを止めて中心とする。1mのところに油性ペンを持って円を描けば、地球の公転軌道が書ける。海王星は、太陽から30.1mになる。

　小惑星帯のところには、小さな点をたくさん打っておくとよい。

　水星、金星、地球、火星までの岩石でできている地球型惑星は、比較的近くにあるが、木星から先の惑星は、とても遠くにあることが実感できる。

子どもが理科に夢中になる授業

地学 -2　　　　　　　　　　　　　小6、中3

宇宙の学習を教室で実験　ヘッド・アース・モデル1

　平成10年版の学習指導要領では、月の観察は小学校では4年だけで行われていた。しかも、学習するのは「動き」だけであり、「太陽と月の位置や月の形の見え方との関係には触れない」とあった。

　平成20年版の学習指導要領では、6年で「月の位置や形と太陽の位置」を学習することになった。しかし、多くの若い先生にとって、月の位置と形は暗記ものになっているのが現状だ。

　教える側も、子どもたちも納得できるシミュレーション実験として、ヘッド・アース・モデルをシリーズで紹介する。

　小学校では、教科書にある実験の発展として、このヘッド・アース・モデルを使ってみていただきたい。

🧑‍🔬 小森のエピソード　大学生もヘッド・アース・モデルで理解

　大学2年生（61名）に、「夕方、三日月がどちらの方位に見えるか」、東、南、西の三択で質問したことがある。「西」と正しく選んだのは30%、61%の学生が「東」を選んでいた。

　三択であるから、ランダムに選んでも3分の1は正答するはず。予想以上に、ひどい状態だった。三日月の形（四択）の正解は、48%であった。

　ヘッド・アース・モデルの授業後、多くの学生が「理解しないで暗記していただけだった。今日ようやく理解できた。」と感想を書いていた。

　中学校では、3年で宇宙の学習がある。その際、地球を外から見た図で夕方や明け方の地点を指摘したり、その場所から見える星座の方位を指摘する問題が、生徒を悩ませる。

地学

　この手の問題では、「オリオン座が夕方東の空に見える」のように、ふだん地上から見ている天体現象を、地球外の宇宙空間から見た状態で考えなくてはならない。

　「地上からの視点を宇宙空間へ」あるいはその逆の「宇宙空間からの視点を地上へ」移動させて考えるのが、生徒たちには難しい。

　ヘッド・アース・モデルを使うと、月の見え方だけでなく、次のように単元を通して多くの宇宙の学習を「地上からの視点」でシミュレーション実験することができる。

①時刻と方位を指定して、月の見え方（満ち欠け）を実験できる。
②日食や月食を、簡単に実験できる。
③金星の見える位置と形を実験できる。
④季節や時刻を指定して、見える星座を実験できる。
⑤太陽の南中高度の変化を実験できる。

小森のエピソード

　ヘッド・アース・モデルの元になった指導法に出会ったのは、1980年に文部省から発行された中学校理科指導資料『身近な自然を重視した理科指導』である。1980年は、私が中学校教師になった年だ。

　その後、授業実践を繰り返し、サークルで検討しているうちに、頭にかぶる方位を示すものがあるといいと言われた。その意見を元に、ヘッド・アース・ギアとよぶかぶり物を思いついた。

　横浜の岡田篤先生が小学校で実践し、月の見え方のワークシートが充実した。

　このように、先人の知恵やサークル員の意見、授業実践からヘッド・アース・モデルを進化させることができた。

　三日月の傾き方が季節によって違うことをヘッド・アース・モデルで説明する方法を思いついたのは、中学教師を辞める2ヵ月前だった。

地学 -3

小6、中3

方位を理解させるために　ヘッド・アース・モデル2

　中学2年で風向を「南南西」のように16方位まで学習するが、言葉だけの理解で、学校や家庭など自分のいる場所での南を指せない場合もある。
　中学3年生でも、「南を指しなさい」と一斉に手を挙げさせると、違う向きに手を挙げる生徒がいた。
　日の出や日没を見たことがない子どもが増えているという。小学生に宿題として、「南の空の星を見なさい」と指示しても、正しく南を見ているかかなり怪しい。月や宇宙の学習に入る前に、学校から遠くに見える山やビルなどを目印に、地上での方位を確認しておきたい。

ワンポイントアドバイス　「左は東」

　私は、教室で南の方位を示したあと、おへそを南に向けて立ち、「左手を挙げた方位は？」と発問していた。
　「左は東」と「ひ」を掛詞のようにして覚えるように指導した。

　方位を確認したあと、南を指さしたまま、「この状態で地球ごと1億分の1にします」と言って、直径10cmぐらいの小さな地球儀を出し、小さな人形を日本の上に載せる。
　「この地球儀の日本の上で、南の空を見ています」と説明する。
　地球儀を回して、「地球が回ると、南に見えるものが変わります。宇宙空間の特定の場所が南というわけではないのです。この子（人形）にとって南という方位があるのです」と、東西南北の方位は、観察者中心に決まるものであり、宇宙空間に南という場所があるわけではないことを強調する。

地学

　地球儀の人形に顔を近づけ、「この地球にいる観察者の目から見える様子を再現するために、私の頭を地球にします」と鼻の頭に人形をのせる。

　自分の頭（ヘッド）を地球（アース）にするので、ヘッド・アース・モデルといっている。鼻先にいる観測者は、南を向いている。

　鼻が向いている方向が南だから、首を回せば南にあるものは変化する。

　この鼻の上の観察者にとって、「左が東」になる。しかし、教師が子どもたちに対面して説明すると、教師にとっては左でも子どもたちから見ると右になってしまい混乱する。

　そこで、方位を示す帽子（ヘッド・アース・キャップ）をかぶる。

ヘッド・アース・キャップの作り方

　図のようにB4の画用紙に両面印刷する。（1枚で2セット分できる）

　横の実線に沿って切り離し、南を外側にして背中合わせにして重ね、ホッチキスで南の部分をとめる。方位表示が頭から飛び出すように折り目をつけ、東と西の折り目の付け根部分を輪ゴムでつなぐ。これを帽子のようにしてかぶって説明すると方位がわかりやすい。かぶっている本人には方位の表示は見えない。教師がかぶって説明するのに最適。

表

西		南
南		東
西		南
南		東

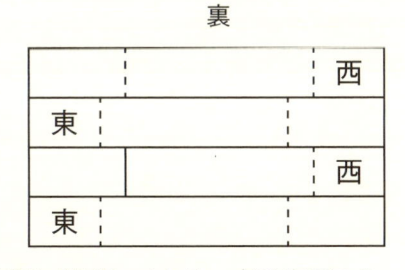

裏

		西
東		
		西
東		

※東と西は、表裏それぞれ同じ位置に印刷してある。南は片面のみ。
　点線は、折り目を示している。南を長くしてある。

地学-4

小6、中3

理科室を宇宙空間にしよう　ヘッド・アース・モデル3

　ヘッド・アース・モデルでは、理科室を宇宙空間にする。中央に電球をセットし太陽とする。竹串に刺した直径35mmの発泡スチロール球を1億分の1の月とする。中学校では、パラソルの骨の先に吊した黄色いスポンジボールを金星とする。さらに、理科室壁面に取り付けた自作の発光ダイオード（LED）星座パネルを四季の星座とする。

　理科室を暗くして、星座パネルを点灯すると、簡易プラネタリウム風になる。ただし、本物のプラネタリウムは、人間は座ったままで星空が動く。天動説モデルだ。それに対して、ヘッド・アース・モデルでは、理科室中央の太陽を中心に地球（人間）は公転したり自転したりする。地動説モデルである。

ワンポイントアドバイス　太陽にする白熱球の明るさ

　私は、太陽として100Wのボール形白熱球を使用している。教室の壁の色、暗幕の状況によって、月の明暗の境がはっきりしないことがある。電球の明るさを適宜変えるとよい。

　光る星座パネルを作る際、百円ショップにあるLEDイルミネーションライトを使えば、はんだ付けなどの手間を省くことができる。クリスマスツリーにつけるイルミネーションライトで作る方法を紹介する。

①材　料

　LEDのイルミネーションライト（常時点灯の緑色か黄色がお勧め。点滅は気が散る。）。プラスチック段ボール（A3サイズ、青、厚さ3mm。ホームセンターで大きいプラスチック段ボールを買って、カッターナイフ

で切ってもよい。)
②作り方
　星図をＡ３サイズに拡大コピーして、プラスチック段ボールに貼り付け、錐や千枚通しで穴をあける。裏側からその穴にＬＥＤをはめる。

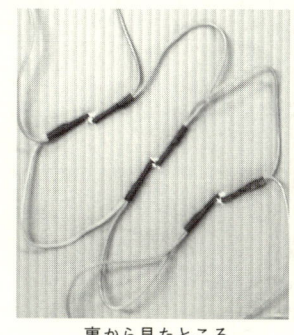

裏から見たところ

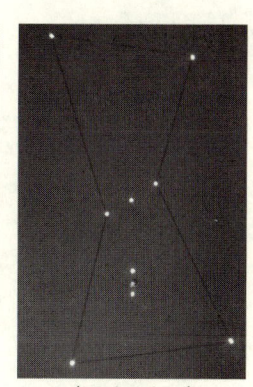

光るオリオン座

　使わないＬＥＤは、根元をペンチで切って捨てる。イルミネーションライトは、並列つなぎになっているので、残したＬＥＤはちゃんとつく。
③星座パネルの配置

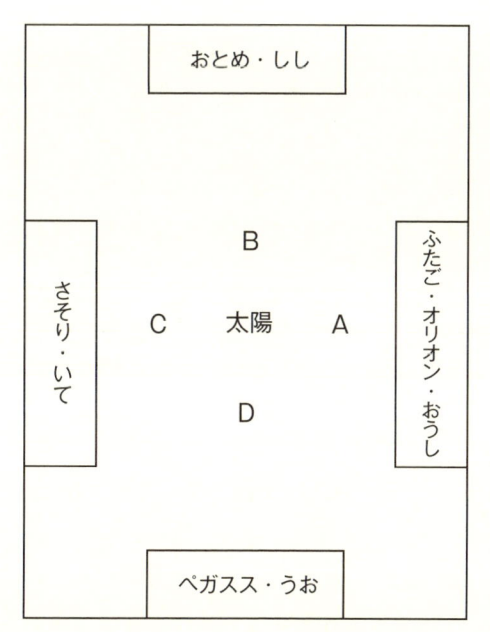

```
          おとめ・しし
    ┌─────────────┐
    │      B      │ ふ
 さ  │             │ た
 そ  │  C  太陽 A  │ ご・オリオン・おうし
 り  │             │
 ・  │      D      │
 い  └─────────────┘
 て     ペガスス・うお
```

　理科室の四面の壁に、四季の代表的な星座パネルをセットしておく。

　時間がないときは、しし座、さそり座、うお座、オリオン座の４つでもよい。

　また、星座を画用紙に書いて代用することもできる。

　Ａ、Ｂ、Ｃ、Ｄは、それぞれ冬至、春分、夏至、秋分の地球の位置である。

地学

93

子どもが理科に夢中になる授業

地学 -5 小6、中3
時刻と地球の自転を確かめる　ヘッド・アース・モデル4

　太陽（電球）と地球（頭）を図のような位置関係にする。

　太陽が東にあるから、観測者のいる場所（日本）の時刻は朝である。

　太陽を正面に見る向きになると、日本は真昼。

　太陽を右に見る位置になると夕方だ。

　それぞれの時刻になるように、子どもたちに頭の向きを変えさせて確認する。ヘッド・アース・キャップをかぶっていると、確認しやすい。

　そのあとで全員を立たせて、地球が自転する方向を確かめて、わかったら座るように指示する。

　頭を左回りに回せば、東から太陽が昇って、南、西へと移動する。それが地球の自転方向である。

　自分中心に回転するのが自転である。それに対し、他の星のまわりを回るのが公転だ。理科室中央の太陽（電球）の周りを左回りに歩けば、地球の公転になる。

小森のエピソード　最初は笑ってもあとで納得

　ヘッド・アース・キャップを初めて私がかぶるとき、いつも生徒たちが大笑いした。セミナーでも先生方が笑う。確かに、変なものだ。

　しかし、ヘッド・アース・モデルで授業を進めていくと、生徒が「すごい発明ですね」と言うようになる。

地球の自転方向、月の見え方などを暗記する必要がないのだ。

大学生も、ヘッド・アース・モデルで1時間授業すると、便利さに感嘆の声を上げる。ある学生は次のように書いていた。「ヘッド・アース・モデルは革新的なものだ。これまで悩んでいたのが笑い話になりそう…。」

小森のエピソード　地球の自転＋公転＋月の公転

公転と自転の説明では、次のように演示する。「自転します」と言ってその場で左回りに回る。「公転します」と言って、自転しながら電球の周りを回る。目が回るので、すこしでやめる。

月は地球の周りを公転している。教師が地球役になり、その周りを月役の生徒に公転させる。その状態で、「地球、自転します」とその場で教師が自転する。

さらに、「地球、公転します」と言い、自転しながら公転運動を始める。すると、月役の生徒が取り残される。「月はちゃんと地球の周りを公転して下さい」と言って、月の公転、地球の自転と公転を再現する。

ワンポイントアドバイス　月の公転と自転

地球から見ると、月はいつも同じ面を地球に向けている。月は自転しているのだろうか？

自転していないように思えるが、月が地球のまわりを1周する間に、ちょうど1回自転しているから、同じ面（表側）をずっと地球に向けていることになる。

月が地球の周りを回る公転周期は、27.3日である。月の満ち欠けの周期は29.5日で、公転周期と2日ずれている。月が地球の周りを1回転する間に、地球が太陽の周りを約30°公転しているためだ。

昔の暦（太陰暦）は、月の満ち欠けをもとに1ヵ「月」を決めていた。そうすると、毎月1日が新月で月齢0。月齢に1を足すと日にちになっていた。毎月16日が、月齢15で満月であった。

子どもが理科に夢中になる授業

地学 -6　　　　　　　　　　　　　　　　　　小6、中3

月の見え方を確かめる　ヘッド・アース・モデル5

　竹串に刺した直径35mmの発泡スチロール球を月のモデルとして、一人に1個ずつ用意する。これは、月のおよそ1億分の1のモデルである。

ワンポイントアドバイス　竹串の先を切っておこう

　直径35mmの発泡スチロール球は、ナリカで50個入り約2000円である。竹串は、焼き鳥用の長さ18cmのものを使用する。
　安全のため、竹串のとがっている方を1cmぐらい切って使うとよい。太い部分が奥まで刺さるようになり、抜けにくくなる。

　右図の状態は、太陽が西にあるから時刻は夕方である。
　月は西（正確には南西）に見える。形は、三日月形だ。

　今度は月を顔の正面に移動させた状態である。
　これは、夕方、南の空に見える月である。
　右半分が光っている半月（上弦の月）に見える。

これは、夕方太陽が西に沈み、東に月が出た状態だ。

月は、ほぼまん丸の満月に見える。

「菜の花や月は東に日は西に」の状態である。

ワンポイントアドバイス　真東ではないけれど……

正確にいえば、上図で月を真東（ちょうど左）に持たなければ、満月にならない。しかし、真東にすると、横目で月を見ることが不可能であるし、頭（地球）の影に入ってしまうので、少し斜め前に出した状態で観察する。

月はまん丸ではなく少し欠けている十三夜程度の月だ。しかし、学習を簡単にするために、「満月」といっている。上で紹介した俳句も、満月ではなく、十三夜あたりといわれている。

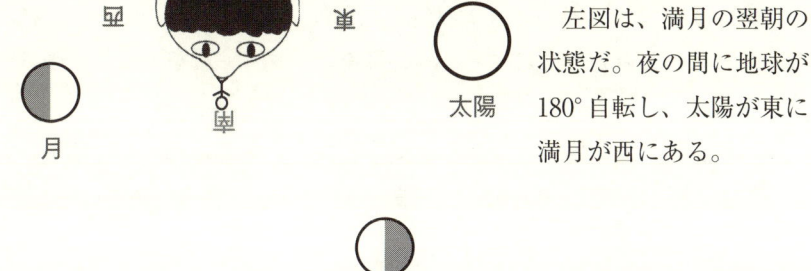

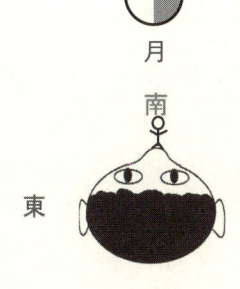

左図は、満月の翌朝の状態だ。夜の間に地球が180°自転し、太陽が東に満月が西にある。

この図では、太陽が東にあるので時刻は朝である。

月は、南の空にあり、左半分が光っている半月（下弦の月）に見える。

地学-7　小6、中3

月食と日食を確かめる　ヘッド・アース・モデル6

　太陽（電球）と地球（頭）、月（発泡スチロール球）が、一直線に並ぶと、月が地球の影に入り月食となる。月食は満月のときにしか起こらないことがわかる。

　このモデルで再現すると、満月のたびに月食になる。しかし、実際には年に1～3回程度しか月食は起こらない。

　まず、このモデルでは、大きさは1億分の1にしているが、距離は無視している。距離を1億分の1にすると、太陽（電球）は、地球から1500m、月は4m離れたところにある。これをピッタリ一直線上にするのは難しい。

　さらに、地球が太陽のまわりを公転する面と、月が地球のまわりを公転する面が、5°ずれているので、太陽・地球・月の順に並んでも、上下にずれてしまうことが多いのだ。

　次のページにあるように、日食のときには太陽と地球の間に月が入り、月で太陽が隠されている。宇宙から見ると、月の影が地球に落ちている状態で起きている。

　ヘッド・アース・モデルで日食を再現している状態を、ほかの人が見ると、発泡スチロール球（月）の影が目の位置に来ていることがわかる。これを私は、「片目パンダ」の状態とよんでいる。

地学

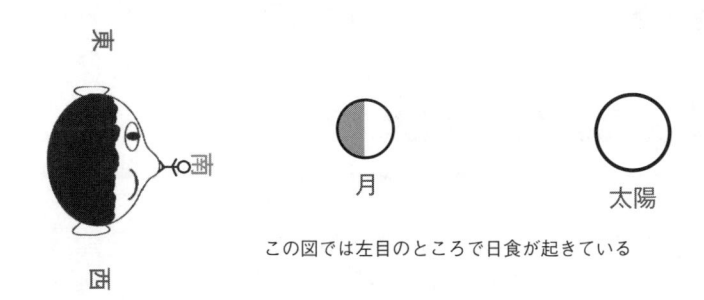

この図では左目のところで日食が起きている

　月の影に入っていない場所では、日食は見えない。私は、自分の顔で日食を作った状態で、ほっぺたをさして「ここは日食になっていますか？」と発問している。

　月をゆっくり移動（公転）させて、私の顔を影が通過するようすを見せる。「この影の下に行かないと日食は見えないのです。だから、天文ファンは、影をめざして見に行くんだよ」と説明する。

　気象衛星「ひまわり」が撮影した宇宙から見た日食（月の影）が、気象庁のサイトで公開されている。気象庁のホームページで「日食　月の影」と検索すると出てくる。

　太陽がすっぽり全部かくされる皆既日食と、まわりから太陽がはみ出して輪になる金環日食の違いは、地球と月の距離の違いで生じる。月が地球を回る公転軌道は、楕円である。地球と月の距離は、最も遠いときで約40万km、最も近いときで36万kmと、1割違う。月が遠くにあるときに日食がおきると、太陽をかくしきれずに金環日食となる。

小森のエピソード　日食にとりつかれて

　1987年9月の沖縄での金環食を見に行ったのがきっかけで、日食にとりつかれた。1991年7月のハワイでの皆既日食では、皆既中に雲がかかり黒い太陽を見ることができなかった。2009年7月の皆既日食は、上海からウーチンに移動し、雲の合間から黒い太陽を見ることができた。

子どもが理科に夢中になる授業

地学 -8 小6、中1

机の上で火山が噴火！？

　注射器やポリ袋に入れた「小麦粉と水の混合物」あるいは、スライムを押し出す火山噴火モデル実験がある。それに対し、「理科ねっとわーく」に紹介されている実験は、化学変化で二酸化炭素が発生し、自分で溶岩が流出するのでおもしろい。カップのふたに穴を開け、タピオカストローを刺して使うように小森が改良した方法を紹介する。

用意するもの
深い紙皿（直径13cm）、ふた付きプラスチックカップ（60mL）、カッター、タピオカストロー、ソフト粘土、ＰＶＡ（ポリビニルアルコール）洗濯のり、焼石こう、重曹（炭酸水素ナトリウム）、墨汁、バーミキュライト、薬さじ、てんびん、割りばし、紙皿（受け皿として使う）

作り方
①プラスチックカップが入るような穴を、カッターで深い紙皿に開ける。
②タピオカストローが通るように、プラスチックカップのふたにカッターで十字に切れ込みを入れる。（はんだごてで穴を開けてもよい）
③タピオカストローを図のような形に切る。

　　火口側　　　　　　　　　　地下側
　　（上）　　　　　　　　　　（下）

　　※カップから溶岩が出やすいように、下を斜めにカットする。
④ふたにタピオカストローをさし、まわりに粘土で山の形をつくる。
⑤焼石こう……15ｇ　　重曹……5ｇ　　洗濯のり……15ｇ（大さじ１）
　水……20ｇ（量を変えると粘りけが変わる）を別々にはかりとる。
⑥プラスチックカップに焼石こう、洗濯のり、水、墨汁（少々）を加えてよく混ぜる。さらに、バーミキュライトを適量加える。

※水を減らすと粘り強い溶岩（実物は白っぽいので、墨汁も減らす）の噴火モデルになる。

⑦最後に、重曹を加えて、割りばしでよく混ぜる。

※重曹を先に入れると泡立つので、注意！　温度が低いと反応が遅い。

ふたをして、伏せた深い紙皿（穴をあけたもの）の中に置く。

※溶岩が流れ出るので、平たい紙皿やお盆などの上で実験する。

⑧しばらくすると、"溶岩"が吹き出てくるのでそのようすを観察する。

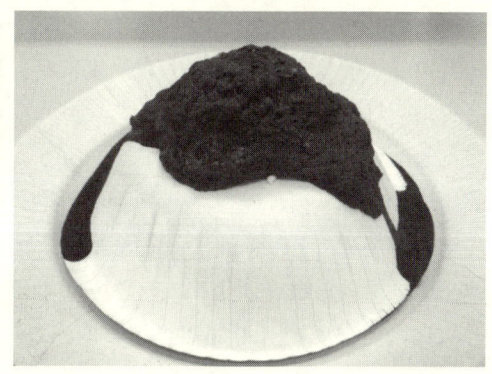

ワンポイントアドバイス　ふたをしっかりはめよう

ふたをしたつもりでも、完全にしまっていないで漏れてしまうことがある。カチッとしっかりとはめるように注意しよう。

ワンポイントアドバイス　気泡に注目させよう

重曹が、弱酸性のＰＶＡ洗濯のりと反応して、二酸化炭素が発生する。二酸化炭素は、本物の火山ガスの成分のひとつだ。

この実験で噴火したあと固まった「溶岩」も、本物のように気体が抜けた穴が空いているので、実物の溶岩と照らし合わせて観察させるとよい。

【出典】理科ねっとわーく「火山ふんかの実験方法」
http://www.rikanet.jst.go.jp/contents/cp0350/contents/04/04_03_02.html

子どもが理科に夢中になる授業

地学-9　　　　　　　　　　　　　　　　小6、中1

本物の火山灰を観察しよう

　火山の学習の際に、必ずモーリス・クラフト氏の撮影した火山噴火の映像を生徒に見せていた。クラフト氏は危険を顧みず、世界各地の火山噴火の迫力ある映像を記録した。残念ながら、クラフト夫妻とカメラマンは、1991年5月、雲仙普賢岳の大火砕流に巻き込まれて亡くなってしまった。

　火山国日本の理科授業で、ぜひクラフト氏の撮影した映像を子どもたちに見せたい。クラフト氏の遺作となった「火山災害を知る」のビデオは、社団法人・日本損害保険協会から借りることができる。

　溶岩の性質（色、粘性）と噴火のしかたを説明した後で、桜島と雲仙普賢岳の火山灰を観察させる。普賢岳の火山灰は白っぽいことが分かる。

　桜島の火山灰は、20年以上前に鹿児島に行った際に、街中にあった灰捨て場の「降灰袋」ごともらって帰ってきたものである。雲仙普賢岳の火山灰は、1991年の大火砕流発生の噴火後、友人が採取してきたものを分けてもらっていた。

　フィルムケースに班の数だけ小分けして、各班で肉眼や顕微鏡で観察させた。観察記録の脇に、本物をほんの少しセロハンテープで貼り付けるようにしていた。本物を貼る操作があると、全員が授業に参加する。

　最近では、新燃岳が2011年1月以来噴火していた。その直後、新燃岳の火山灰を生徒に観察させている研究授業を拝見した。新聞やテレビで話題になっている火山灰は、生徒の関心を集めていた。先生に聞くと、ネットで探して入手したとのこと。

　今は、理科教材会社のナリカから新燃岳の火山灰を入手できる。売り上げの一部は義援金となっている。

> 小6、中1

10- 地学

鉱物を割って観察しよう

　木箱に入った鉱物標本セットにある鉱物は見るだけで、割ったりはがしたりすることはできない。しかし、見ただけでは堅さや割れ方の違いは分からない。

　私は、石英、長石、雲母をハンマーでたたいて割ったり、手ではがしたりして観察させていた。

　石英は固くて、ハンマーでたたくと火花が出ることがある。割れ口はガラスのように不規則で鋭い。長石は割れ口が平らになる。雲母は、「これが石なの？」と驚きの声が上がるほどだ。おもしろいように薄くはがれる。

　木箱の標本をこのようにすることはできない。紙箱に入った実験用鉱物（石英、長石、白雲母、黒雲母）を用意する。一箱で2000円前後である。

　石英や長石は破片が飛び散るので、軍手と保護めがねを着用させて、ベランダのコンクリートの上に置いた金属製の空き缶（菓子の詰め合わせのような大きな缶）の中で割らせる。

ワンポイントアドバイス　黒い台紙を活用

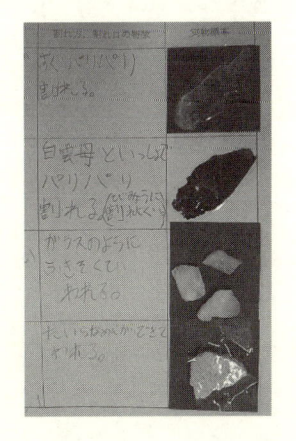

　石英や長石のような白っぽいものは、黒い台紙の上に貼ると引き立つ。

※十年ほど前から、教材用に販売されている実験用長石が白色ではなく、赤っぽいインド産の長石になっているのが残念である。

地学-11

小6、中1

ホームセンターで岩石探し

　中学校で観察によく使われる花こう岩や溶岩は、教材会社の標本や実験用の岩石だけでなく、ホームセンターの園芸コーナーでも入手できる。

　花こう岩は飛び石用に大きな円盤状のものがある。また石畳用にピンコロという10cm角程度の立方体の花こう岩がある。伊勢砂利という名前で売られている砂利は、三重県産の花こう岩の砂利である。

　花こう岩は、お墓でも使われる。墓石屋さんが近くにあれば、加工の際の破片をもらうことができる。磨いてある面は、花こう岩の成分である、石英、長石、黒雲母を観察するのにとても便利である。

　溶岩は、ホームセンターの園芸コーナーで、盆栽や庭石用に販売されている。教材用のものより、ずっと大きなものを入手できる。標本用の小さなものに比べ、大きなものは迫力が違う。

　私は、ひと抱えもある大きな軽石を買って、理科室に展示していた。大きいのに、軽々と持ち上げることができる。大きなバケツに水を入れて、浮かせて見せたりした。

　二酸化炭素の発生に使う石灰石は、園芸コーナーで格安で購入できる。目地砂利や小粒砕石として売られている白色あるいは灰色の小石は、石灰石か大理石のことが多い。

　理科教材会社で売っている石灰石は、1kgで1000円ぐらいしているが、ホームセンターの目地砂利・白は、10kgで500円程度と、20分の1の値段である。

　一袋買うと、二酸化炭素の発生だけでは使い切れない。私は、水槽用の砂利としても使っていた。

小6、中1

粉末花こう岩を鉱物に分類しよう

12- 地学

　前ページで紹介したように安く入手した花こう岩を、鉄製乳鉢の中で砕いて粉々に小さくする。網の目が1mm程度のふるいで、微粉末を取り除き、粉末花こう岩を作る。

ワンポイントアドバイス　花こう岩を砕きやすくする

　花こう岩をガスバーナーで強熱した後、水につけて急冷するという操作を数回行っておくと、花こう岩が砕けやすくなる。

　粉末花こう岩をフィルムケースに小分けし、各班に配る。生徒は各自、それを少量ノートの上に出し、粒を3種類に分別する。

　それぞれの鉱物を、前時に標本としてノートに貼った鉱物と比べて判定する。
　黒い粒は黒雲母、乳白色の粒は長石、透明な粒は石英である。
　元の花こう岩、それぞれの鉱物をノートに貼る。中学生が、黙々と熱中して作業していた。

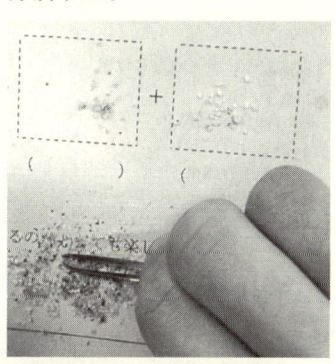

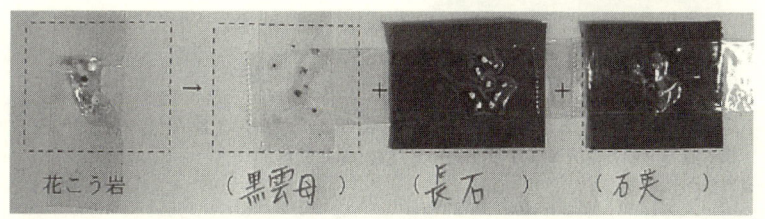

子どもが理科に夢中になる授業

地学-13　　小6、中1

土の中に宝石のような鉱物がある

　関東地方の土（関東ローム）は火山灰が堆積してできたものである。東京、神奈川など南関東は富士山や箱根など、栃木、群馬など北関東は那須岳や赤城山などから噴出した火山灰が堆積し、風化してできた。

　関東ロームを水でごしごし洗うと、中からキラキラ光る鉱物が出てくる。足下の土の中に、こんなにきれいなものがあったのかと子どもたちは驚く。

関東ローム層の露頭

　写真の土の色が上下で違うのは、噴火した時期が異なるので、成分の鉱物の種類が異なるためだ。洗い出して比較するとおもしろい。

　園芸用の赤玉土は関東ロームである。関東ロームがない地方でも、それぞれの土地の土を洗い出すと、鉱物が出てくる。

①土を小指の爪の先程度、蒸発皿に入れる。土が少ない方が、洗い出しが早く終わる。
②水を加えて、指でよくすりつぶす。コツは、底にこすりつける感じ。
③鉱物の粒が流れないように注意して、濁り水をバケツなどに捨てる。
④水を加え、水が濁らなくなるまで、くりかえし洗う。
⑤水が濁らなくなったら水を捨て、スライドガラスにとって、双眼実体顕微鏡や顕微鏡で観察する。

地学

🧑 ワンポイントアドバイス　指の腹を使ってゴシゴシこする

① 泥水をかき混ぜているだけではダメだ。指の腹で、底に押しつけるようにゴシゴシとこする。こすりが弱いと、顕微鏡で見たときに鉱物に茶色い粘土が付着している。私はそれを「エビフライ状態」とよんでいた。

② 泥が少なくなったら、水を少なくした方がうまくこすれる。水を足しながら手についた鉱物を洗い落とす。そのあと円を描くように振り、鉱物を中心に集めてから水を捨てる。

指の腹を底にこすりつける感じ　　　　うわずみを捨てる

くりかえす

③ 顕微鏡で見る場合は、下からの透過光では、透明な鉱物の色がわかるが、不透明な鉱物は全部黒っぽく見えてしまう。LEDライトなどで、上から光を当てて観察すると、不透明な鉱物の色がよく分かる。光を反射して宝石のように見える鉱物もある。

🧑 ワンポイントアドバイス　強力磁石で磁鉄鉱が動く

顕微鏡でのぞきながら近くで強力磁石を動かすと、磁鉄鉱がもぞもぞ動いておもしろい。マグネットダーツの矢を使うと、強力なネオジウム磁石を取り扱いやすい。

子どもが理科に夢中になる授業

地学-14　小5
河原の石が丸くなるしくみを実験しよう

　川の上流では大きな河原の石が、中流、下流になるにつれ、だんだん角がとれて丸くなるとともに、小さくなり最後は砂になっていく。このようすを教室で簡単にモデル実験する方法を紹介する。

用意するもの
ふた付きで透明な空きびん（水漏れしないもの）、生け花用スポンジ、カッター、カッターマット、割りばし

方　法
①カッターマットの上で、スポンジを2cm角ぐらいにカッターで切る。
②4、5個ぐらい（びんの大きさによる）びんに入れる。
③水をびんの半分ぐらい加えて振る。
④一人が50回ずつ振って次の人と交代するようにして、班員全員が振る。
　50回、100回、150回…と形がどう変化しているか、割りばしで取り出して調べる。

※元のスポンジを1個とっておいて、50回振るごとに1つずつ取り出して並べて比較するとよい。

地学

⑤振り終わったびんを静かに置いて、水の底に沈んだものを観察させる。

発問の例
① 「最初に用いたスポンジを石とすると、底に沈んだものは実際の川では何にあたるだろう？」 →砂
② 「中流では川原の石が丸くなっている。その理由を説明しなさい。」
→水に流されて運ばれるときに、ぶつかり合って角がとれた。
（石同士でのぶつかり合いのほか、川底や川岸にぶつかって角がとれて丸くなっている。）

ワンポイントアドバイス　学校近くの川から本物の石を
　学校の近くを流れている川の上流、中流、下流の石や砂を用意して、子どもたちに見せると興味をもつ。モデル実験の結果と比較させるとよい。本物が無理な場合は、写真などで子どもたちに紹介したい。

【出典】　生け花用吸水スポンジを使用した実験
静岡県総合教育センター　カリキュラム推進委員会・理科部会発行
『小学校理科観察・実験集』「流れる水の働きと土地の変化」より

地学-15

小6、中1

砂を顕微鏡で見てみよう

　「お饅頭はいらないから砂をお土産にほしい」と、私は夏休みや冬休みなどの長期休業前に、海に行ったら砂を少し持って帰ってくるように言っていた。(埼玉県なので、近くに海がない)
　それらを、大地の学習の際に、顕微鏡や双眼実体顕微鏡で観察する。
　グーグルアースの画面をプロジェクターで投影し、採取してきた場所を確認しながら日本各地の砂を比較する。色や形などに特徴があり、たいへんおもしろい。

ワンポイントアドバイス　背景の色を変えて観察する

　双眼実体顕微鏡で観察する際は、黒っぽい砂は白い紙の上に、白っぽい砂は黒い紙の上に載せて見るとよい。
　双眼実体顕微鏡のステージが取り外せて裏表で白と黒になっている機種がある。その場合は、スライドガラスやペトリ皿に砂を少量とり、ステージを白い面にしたり、黒い面にしたりして観察するとよい。
※写真は、千葉県九十九里浜の砂をろ紙に載せ、双眼実体顕微鏡で撮影。
　顕微鏡で観察する際は、107ページで紹介したように、通常の下からの光で見る方法と、上からライトで照らして見る方法の両方で観察するとよい。

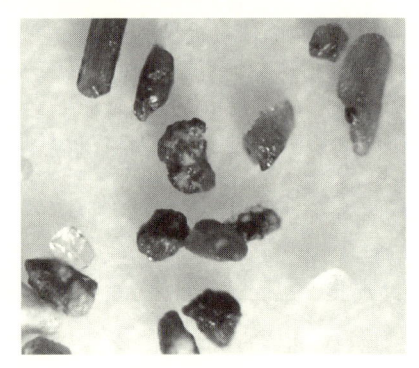

地学

白い砂粒（左）も、下からの光では、右の写真のように黒っぽく見える。
砂を見ると、何からその砂ができたのか、わかることもある。

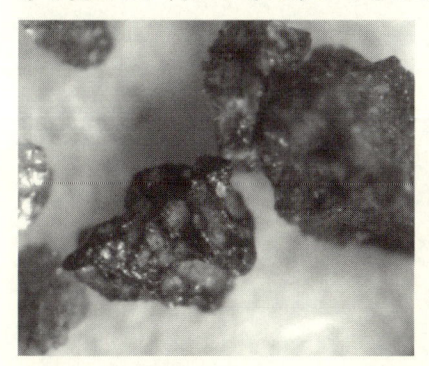

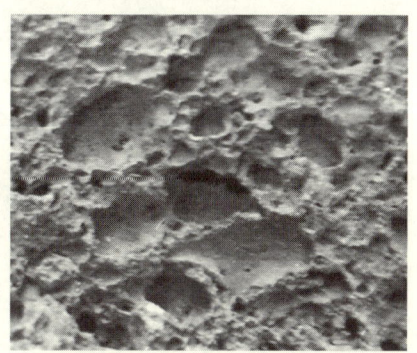

沼津の海岸の砂には穴のあいた砂粒（左）があった。右の溶岩の写真と表面のようすが似ている。溶岩からできた砂粒と思われる。

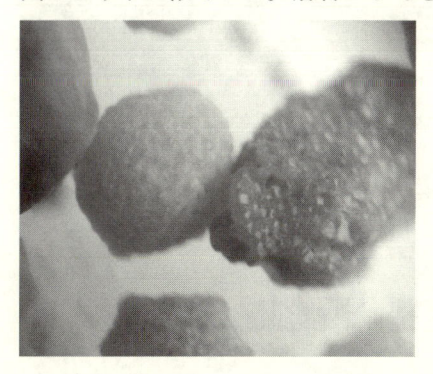

左の写真は、沖縄の海岸の砂である。
珊瑚からできた砂粒のようだ。

子どもが理科に夢中になる授業

地学-16　　　　　　　　　　　　　　　　　　　　小6、中1

本物の化石の魅力

　子どもたちは、化石が大好きだ。小さくても、本物の化石の持つ魅力は大きい。一人に1個ずつ、アンモナイトやサメの歯の化石をあげると大喜びする。

　6月の「東京国際ミネラルフェア」（新宿・小田急第一生命ビル）、12月の「東京ミネラルショー」（池袋・サンシャインシティ）で、さまざまな化石や鉱物を比較的安く入手できる。最新情報は、それぞれインターネットで検索すると出てくる。

　中学生まで入場無料なので、子どもたちにも紹介したい。私は科学部や希望する生徒を連れて行っていた。

　おすすめは、Miner K というフランス人のお店で、アンモナイトが1kgで4500円、サメの歯が500gで2500円前後である。何百個も入っているので、4クラス全員に1個ずつあげても、数年もった。これで、子どもたちが喜び、化石に興味をもてば安いものだ。

アンモナイト　　　　　　　　　　サメの歯

ワンポイントアドバイス　子どもたちに渡すとき

化石名や産地、年代を印刷したラベルを自作し、小さなチャックつきポリ袋に入れると、標本らしく見える。

「このアンモナイトが１億年前に海を泳いでいたころは、恐竜の時代で、日本列島もなかったし、人類もいなかったんだよ。１億年後に、ここに来るとは思いもしなかったろうね」と語るとよい。

ワンポイントアドバイス　会場混雑を考慮して

会場はたくさんの人で混み合う。特に、新宿会場は、池袋会場より混む。土日に行く際は、開場時間ぐらいに着くようにするとよい。

ワンポイントアドバイス　ポスターやチラシを送ってもらう

主催者に「子どもたちに紹介したいのでポスターやチラシを送って下さい」とメールでお願いすると、無料招待券をつけて送ってくださる。

　

会場はたくさんの人で熱気に満ちており、最初に会場に行ったとき、こんなにも化石や鉱物が好きな人がいるのかとびっくりした。

アンモナイトは、半分に切って断面を磨いたものなど、いろいろある。単独で買うより、同じものがたくさん入った箱で買う（箱買い）と安い。サメの歯、三葉虫なども同様だ。箱買いを続けていると、１万円札が飛んでいき、荷物は肩に食い込むほど重くなる。

黙って買うのはつまらない。値切るのもよし、質問するのもよしだ。店の人にいろいろ教えてもらえるのがうれしい。「学校で使う」と言うと安くしてくれることもある（特に、日本のお店）。気に入ったお店の人には、名刺を渡しておくとよい。次の案内状などを送ってくれる。学校の名刺では異動すると届かない。自宅住所の名刺がよい。

東京以外の場所でも、このような化石や鉱物の展示会が開催されている。「ミネラルショー」で検索すると、開催予定を知ることができる。

子どもが理科に夢中になる授業

地学 -17　　　　　　　　　　　　　　　　　　　小6、中1

マグニチュードと震度の違い

　地震があるとニュースなどで、震源地や各地の震度、地震の規模（マグニチュード）が伝えられる。

　その中で、震度とマグニチュードの数字が似かよっていて、視聴者が混同する場合がある。中学校で学ぶことだが、小学校でも教えておきたい。

　その場所の揺れの大きさを表しているのが震度だ。「水戸4、宇都宮3、東京2」のように場所によって違う数字が出る。震度は、0から7までの数字と、5と6には弱と強があるので、10段階ある。日本独自のものだ。

　マグニチュード（記号M）は地震の規模（エネルギー）の大きさを表す。1つの地震に対して1つしかない。東北地方太平洋沖地震は、M 9.0 だ。

　マグニチュードは小数第一位までの数字で表される。マグニチュードが0.2増えると、エネルギーが2倍になる。マグニチュードが1大きくなると、地震のエネルギーは約32倍になる。2大きくなると、約1000倍だ。

　マグニチュードを電球のワット数、震度を照らされた場所の明るさにたとえると、子どもたちにわかりやすい。

　100 Wの電球をつけると、近くではとても明るい（震度が大きい）が、遠くになると暗くなる（震度が小さい）。

　10 Wの電球はたいして明るくないが、目の前に持ってくるとまぶしい。マグニチュードが小さくても、自分の真下で起こったら震度は大きくなる。

> **ワンポイントアドバイス　似ている言葉の区別　〜地震と震災〜**
>
> 　震災は、地震が原因で起きた被害（建物の倒壊、火災、津波などによる被害）のことをいう。東北地方太平洋沖地震によって起きた被害が、東日本大震災である。

地学

小6、中1

18- 地学

緊急地震速報のしくみ

　2011年の東北地方太平洋沖地震のあと、大きな余震が多発し、テレビや携帯電話から緊急地震速報が流れることが何度もあった。

　緊急地震速報は、発生した地震の震源や規模を即座に推定し、地震が伝わるより先に知らせるシステムである。

　地震には、P波で起こる初期微動という小さな揺れ（はじめコトコト）と、S波で起こる主要動という大きな揺れ（あとからユサユサ）がある。P波は毎秒5〜7km、S波は毎秒3〜4kmの速さで伝わる。

　震源に近い地震計のデータから、震源や地震の規模をすばやく推定する。震度5弱以上の揺れが起こると判断されると、電波で警報を伝える。

　電波は毎秒30万kmで伝わるので、地震波より速く一瞬で受信機まで届く。大きな揺れが伝わってくる前に、火を止めたり、避難したり、鉄道を止めたりすることができる。ただし、直下型地震では間に合わない。

　同じようなしくみが、新幹線のためにもある。東北地方太平洋沖地震の際、太平洋岸にある地震計が揺れを感じてすぐに緊急停止指令を送った。東北新幹線は、実際に揺れ始める9秒前に、最も大きな揺れが来る1分10秒前に非常ブレーキをかけることができた。走行中の27本の東北新幹線が事故なく停止した。日本が世界に誇る地震対策の成果だ。

小森のエピソード　語呂合わせ暗記法

　P波はプライマリー・ウェイブ（Primary Wave）、S波はセカンダリー・ウェイブ（Secondary Wave）の略だ。日本語にすれば、第1の波、第2の波ということだ。私は中学生に、「ピッと速く伝わるP波」、「スロー（遅い）のS波」と覚えさせた。本当は、Slowの略ではないけど。

地学-19

小6、中1

地震波をモデル実験で見せよう

　地震は、はじめコトコトと揺れ、あとからユサユサと大きく揺れる。最初のコトコトの揺れを初期微動といい、あとからのユサユサの揺れを主要動という。

　池に小石を投げ入れると、波紋が同心円状に広がっていく。これと同じように地面が波打って地震の揺れが伝わっていく。（主要動）

　地震の波は、初期微動のP波と、主要動のS波の2種類がある。これらの地震波が伝わるようすをモデル実験で子どもたちに見せることができる。

バネで実験する方法

① 100円ショップなどにあるプラスチックのバネ（直径7cm）を2つ、セロハンテープでつなげる。
② 理科室の教卓の上などに、2mぐらいに伸ばす。
③ 一端を左右（ばねと直角の向き）に振ると、波が伝わっていく。この横波がS波である。
④ 一端を前後（ばねの向き）に素早く動かすと、圧縮された部分が伝わっていく。この縦波がP波である。
※粗密が伝わっていくのを縦波という。空気中を伝わる音波も縦波である。

地学

ゴムひもと綿棒で実験する方法

① グルーガンや木工用ボンドを使用して、綿棒を 2.5cm 間隔にゴムひもに接着する。ゴムひもの幅は 6mm、長さは 2m ぐらいでよい。

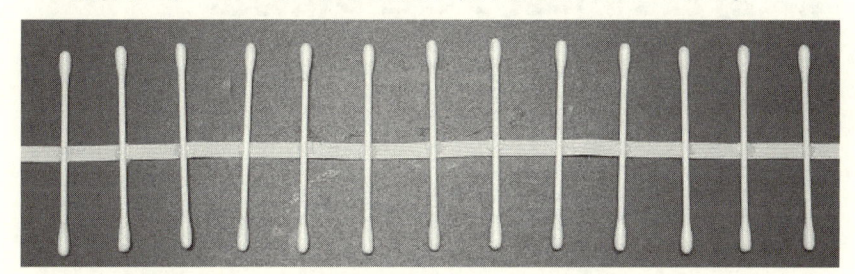

② 2人で両端を持ち、すこし伸ばす。
③ 端の綿棒をたたいて上下に揺らすと、波が伝わっていく。（S波）
④ 端でゴムひもを 5cm ぐらいたぐり寄せてから離すと、ピッと振動が伝わる。これは、もう一端を持っている人でないとわからない。（P波）

※ 幅広いゴムひもに長さ 40cm ぐらいの模型用角材を接着すると、ダイナミックな実験装置になる。

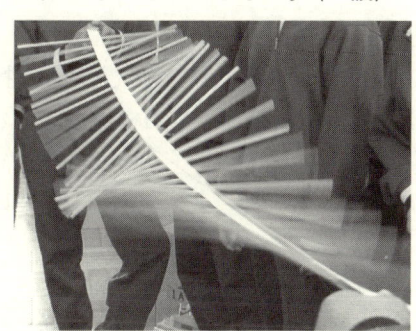

ワンポイントアドバイス　地震の学習で使えるフリーソフト

　緒方猛氏が作った「地震くん for Windows」は、地震学習シミュレーションソフトである。震源からの距離が異なる位置での揺れのようすや地震計の記録をみることができる。また、震源をあてる地震クイズがおもしろい。スマートボードなどの電子黒板で行うと盛り上がる。
　「ベクター」からダウンロードできる。

子どもが理科に夢中になる授業

生物 -1 小5、中1

顕微鏡を最初に使うときの指導法

　子どもたちは、顕微鏡をのぞくのが好きである。今までとは違う世界をのぞける魅力がある。

　顕微鏡は小中学校で、最もよく使う観察道具である。ぜひ、全員が使いこなせるようにしておきたい。

　それには、最初に使うときの指導が重要である。割れやすいガラスのプレパラートを見る前に、次のようにプラスチックミニ定規を使い、使いこなす技能を身につけさせたい。

①ステージに、定規の数字の5が自分の方を向くようにのせる。

②顕微鏡の一番低い倍率（4倍の対物レンズと10倍の接眼レンズの組み合わせなら40倍になる）でのぞくと、数字の5がどんな向きに見えるか観察する。見えたとおりに描かせる。

※大きく描いても、細く描く子どもが多い。
　見えたように太く描かせる。

③顕微鏡をのぞきながら、定規を動かして、のぞいて見えるものがどう動くか確かめる。

　これで、ピント合わせや動かし方に慣れる。次に、目盛りの部分を見て、顕微鏡で見ている範囲（視野）がどれぐらいの大きさなのかを確かめる。

視野の広さの例

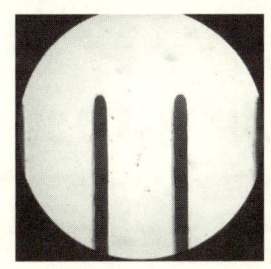

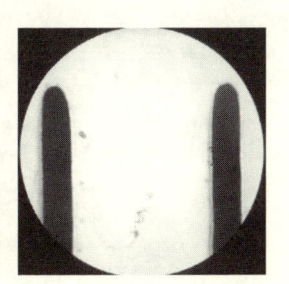

ナリカの顕微鏡
「アトマ」で撮影

40倍のとき　　　　100倍のとき

※同じ倍率でも、顕微鏡の性能によって見える範囲が違う。値段の高い高性能な顕微鏡ほど、広い範囲が見える。

　このように定規で視野の大きさを確認しておくと、ミジンコや花粉などを見たときに、およその大きさがわかるようになる。

　次に、新聞の折り込み広告を使う。スーパーの野菜や魚、刺身などのカラー広告がおもしろい。はさみで切って、定規にセロハンテープで貼り付ける。これを、顕微鏡で見ると、ふだん見ているカラー印刷が、4色の点でできていることに子どもは驚く。

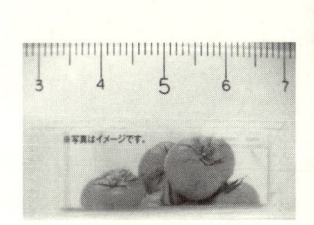

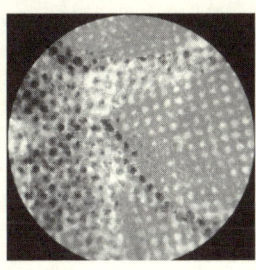

　この場合も、広告にある魚を見ようとしたりして、動かす練習になる。私は、「写真はイメージです」という小さな印刷を入れて貼り付けるようにしている。そうすると、字を追って動かす練習になる。

※ステージと対物レンズの距離が近くなりぶつからないようストッパーがある。そのため、厚みのない広告だけをステージに置くと、ピントが合わせられないことがある。定規に貼るのは、厚みをつける意味もある。

子どもが理科に夢中になる授業

生物-2　　　　　　　　　　　　　　　　　　　全学年

顕微鏡できれいに見るコツ

　顕微鏡で観察する際、きれいに見るコツがある。同じ素材を使っても、操作のしかたによって見え方が異なる。まず一般的に次の2つがある。

①見るものをたくさんとりすぎない

　花粉などをたくさんスライドガラスにつけると、顕微鏡で見たときに重なっていて、ひとつひとつ形がよくわからない。子どもたちは、スライドガラスにいっぱいとりすぎる傾向があるので注意する。

　観察する際も、写真上のようにかたまっているところではなく、下のようなまばらのところの方が1つ1つの形や模様などがよく見える。

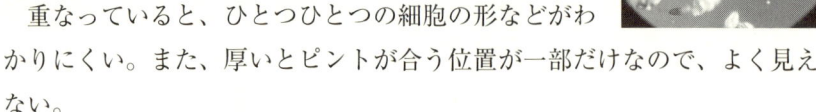

②植物の断面などを見るとき、できるだけ薄くする

　重なっていると、ひとつひとつの細胞の形などがわかりにくい。また、厚いとピントが合う位置が一部だけなので、よく見えない。

　これ以外にも、見るものによって光を調整することにより、きれいに見えるようになる。光を調整するコツを2つ紹介する。

③しぼりを小さくした方が、よく見えることがある

　しぼりとは、顕微鏡のステージの下についている光の量を調整するものだ。

　小中学校用の顕微鏡では、丸い穴の空いた円盤（しぼり板）が回転するようになっている場合が多い。大きい穴が真下に来ればたくさんの光が入り、明るく見える。

　ふつうは、たくさんの光で明るくして見るのが基本である。しかし、水

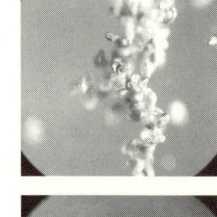

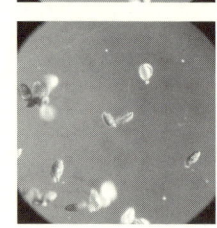

中の微小生物など、透明に近いものを見るときは、小さな穴に替えてみると、見え方が変わる。

しぼりが大きいと、ミジンコの輪郭が見えても中のようすが見えないことがある。しぼりを小さくすると、コントラストが強くなり内臓などがよく見えるようになる。

※小学校向けの安価な顕微鏡にはしぼりがないものもある。

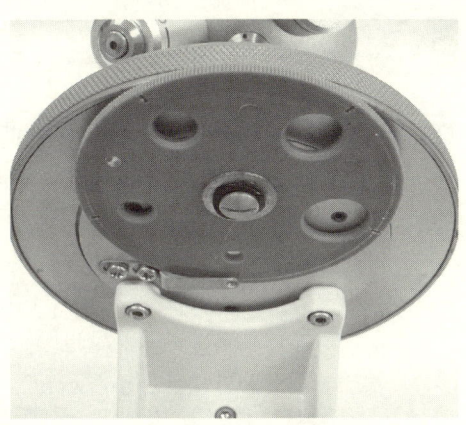

ステージの下側からしぼりを見たところ

④上から光を当てる

　花粉や結晶などを見るときに特に有効である。ふだんの顕微鏡観察は、下からの光で見ている。

　これは、逆光である。写真撮影でいうと、窓際にいる人を室内から撮影しているようなものだ。顔が黒く写ってしまう。そんなときは、昼でもフラッシュで光を当てるときれいに写る。

　同じように、顕微鏡で見るときも、電球やＬＥＤライト（発光ダイオードの懐中電灯）などで照らすと、見違えるほどきれいに見える。

　今まで色がはっきりしなかった花粉も、黄色や赤など鮮やかな色や模様が見える。食塩は、立体感が出て光って見える。

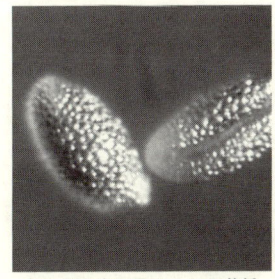

上からの光で見たユリの花粉 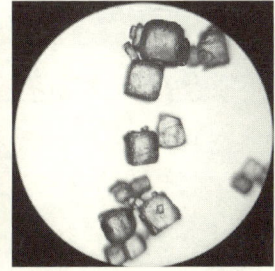　　下からの光で見た食塩 　　上からの光で見た食塩

121

生物-3

全学年

デジタルカメラで顕微鏡写真を撮ろう

　顕微鏡写真の撮影というと何か特別の道具が必要だったり、難しかったりすると思いがちである。確かにフィルムカメラの頃は、たいへん難しかったし、うまく映っているかは現像しないとわからないので、なかなか手軽に撮影というわけにはいかなかった。

　しかし、デジタルカメラ（デジカメ）なら、特別な道具なしでも顕微鏡写真が撮れる。失敗しても、すぐ撮り直せばよいので、気楽に挑戦してみてほしい。

　コツをいくつかあげる。
①フラッシュは発光禁止にしておく。
②最初は顕微鏡の倍率を低い状態で撮影した方が明るいのでうまくいく。

　ピントのあった状態の顕微鏡の接眼レンズに、カメラのレンズを当て、液晶モニターにうまく映るように、レンズの位置や角度をゆっくりと調整する。

　うまく真ん中にきたら、静かにシャッターを押す。そのとき、レンズが前後に動くタイプのデジカメの場合、レンズの動きに合わせ、本体を前後させる必要が出てくる。レンズが前後しないタイプのデジカメだと、固定したままでピントが合うので便利である。

👨‍🔬 ワンポイントアドバイス　親指と人差し指を枕木に

　カメラを宙に浮かせたままだと、位置をうまく合わせても、シャッターを押すと動いてしまうことが多い。

　接眼レンズの上に指を2本枕木のようにあて、その上にデジカメのレンズをあてて調整すると安定する。

生物

　カメラの機種によって、接眼レンズとカメラのレンズの間の適正距離が異なる。自分のカメラで、距離を変えてうまくとれる位置を確かめておくとよい。その際も、枕木代わりの指の厚みで距離を調整できる。

　授業でデジカメを利用するなら、次のようなものをおすすめする。
①ビデオ出力がある。パソコンを使わずに、直接テレビやプロジェクターに接続して映せる。
②薄い機種。胸ポケットに入れておき、授業中や日常生活の中で、いつでも、シャッターチャンスを逃さない。
③接写（マクロ撮影）ができる。理科は接写することが多い。
　マクロ機能を使わなくても、虫眼鏡をカメラのレンズの前にあてて撮影すると、拡大写真が撮れる。ピントが自動で合わないときは、カメラを前後させて合わせる。
※顕微鏡撮影のときは、マクロではなくふつうのままで撮影できる。
④レンズが出っぱらない。顕微鏡撮影のときに便利。
⑤乾電池が使える。電池切れのときに乾電池（乾電池タイプの充電池）が使えるので便利。ただし、残念ながら現在、乾電池で使えるデジカメは、ほとんどない。

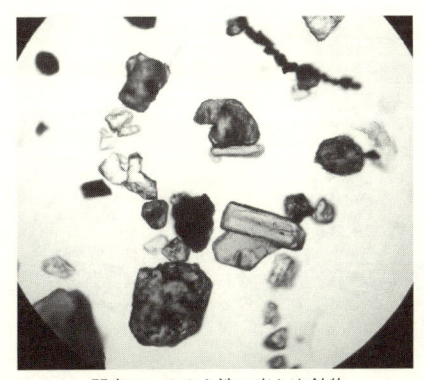

関東ロームから洗い出した鉱物 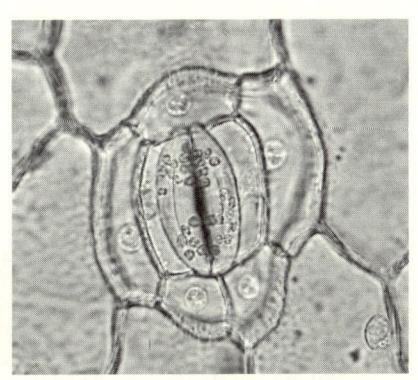　　　気孔（いずれも生徒の作ったプレパラート）

子どもが理科に夢中になる授業

生物 -4　　　　　　　　　　　　　　　　全学年

顕微鏡選びのポイント　～見え方は値段相応～

　顕微鏡は、小中学校で最もよく使う道具のひとつだ。しかし、たいていの学校で、何種類もの顕微鏡があり、一斉指導がやりにくくなっているのが実情だ。

　これは、一度に数台しか買う予算がなく、数年間にわたって買い足していることが原因のひとつである。

　同じ機種で統一して買えばよいのだが、理科主任が変わったり、あるいは教育委員会で違う機種に変更されてしまったりして、規格統一が崩れてしまうのだ。

　顕微鏡のような備品は、一度購入すると10年以上使い続けることが多い。ぜひ、よいもので規格を統一してそろえたい。

　私は、教育委員会に希望を出す際、「指導のため、規格の統一が必要。必ずこの規格で」とカタログのコピーに大きく赤で書き添えて出していた。

　では、どのような視点でよい顕微鏡を選べばよいのだろうか。私が顕微鏡選びの際に注目していたポイント、おすすめの規格をあげる。

①接眼レンズの口径（レンズの直径）が大きいこと

　古い顕微鏡では、五円玉の穴程度の接眼レンズが使われていて見にくい。最近では、接眼レンズの直径が2cm前後もありとても見やすい。デジカメ撮影も簡単だ。

新しい顕微鏡の接眼レンズ
　左：ウィングブルー
　右：アトマ　いずれもナリカ

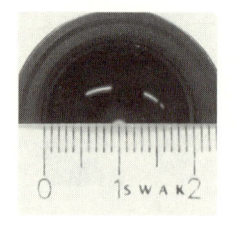

②**接眼レンズは10倍のみでよい**

　対物レンズは、4倍、10倍、40倍のセットがよい。総合倍率でいえば、40倍、100倍、400倍ということになる。小学校では、30倍の対物レンズで総合倍率300倍ということもある。

　接眼レンズを付け替えるたびに、中にほこりが入るので、接眼レンズは10倍の1つだけにして、とれないように固定してしまうとよい。小さな六角ねじで留めるようになっている機種もある。そうでない場合は、ビニルテープを巻いてしまえばよい。

　以上を満たせば、あとは値段が高い方がよく見える。見え方は値段相応である。

　写真はナリカのアトマという顕微鏡である。小学校におすすめの機種である。約4万円だ。1万円台の顕微鏡とは比較にならないぐらいよく見える。箱（別売）は購入する必要はない。

　私の勤務していた学校でも、最初8種類ぐらいの顕微鏡があった。それも古くてレンズにカビが生えていてよく見えないものが多かった。

　ニコンの顕微鏡（YS-50、1台約8万円）に買い替えたとき、あまりにもよく見えるので驚いたほどだ。生徒たちも、観察をやめないほど熱中して見ていた。ぜひ、いい顕微鏡で統一してそろえよう！　よく見える顕微鏡で、人生が変わる生徒もいるかもしれない。

　そのほか、最近の顕微鏡、よい顕微鏡の特徴を紹介する。

①**反射鏡の代わりにLEDライトが本体についている**

　顕微鏡照明装置を使わなくて済むので便利である。

②**レボルバーを回し、対物レンズを替えてもピントが合ったままである**

　これは、高性能の顕微鏡の特徴である。一番低い倍率でピントを合わせたら、そのまま高倍率に切り替えても、ほとんどピントがずれていない。いちいち横から見て、対物レンズをプレパラートにぎりぎりまで近づけ、離しながらピントを合わせるという必要がない。

子どもが理科に夢中になる授業

生物 -5　　　　　　　　　　　　　小5、中3

たかがチューリップ、されどチューリップ

　「咲いた　咲いた　チューリップの花が……」と歌われ親しまれているチューリップ。
　春、学校の花壇には、チューリップが必ずといっていいほど咲いている。チューリップについては、大人も子どもも知らない意外なおもしろい事実がたくさんある。

①チューリップに種はできるか？（正確には種子だが本書では種とする）
　あなたはどう思いますか。次の3つから選んでください。
　　ア　種はできない。
　　イ　種ができる。球根がチューリップの種である。
　　ウ　種ができる。球根とは別に種ができる。
　種ができるといっても、球根が種だと思っている子どもが多い。正解はウである。
　花が咲いたあと、めしべが残っている。球根を太らせるために、摘んで捨ててしまうことが多いが、そのまま放置しておくと、めしべの根元の子房がどんどんふくらんで、中に種ができる。（品種によって種のできやすさが異なる）

②球根は根なのか？
　チューリップの球根は、体のどの部分が変化してできたものだろうか？
　　ア　花　　イ　茎　　ウ　葉　　エ　根

球「根」というくらいだから、根を選ぶ子どもが多い。正解は、ウの葉である。球根を包丁で切ってみると、タマネギのようなつくりをしている。タマネギは葉が栄養分を蓄えて太ってできたものだ。チューリップはタマネギやユリと同じユリ科の植物である。

なお、ほかの種類の植物では、根が変化した球根もある。

③種をまいて花が咲くまで何年かかるか？

チューリップの球根を秋に植えると、次の春には花が咲く。チューリップの種をまいたら、花が咲くまでどのくらいかかるだろうか？

写真：富山県花卉球根農業協同組合

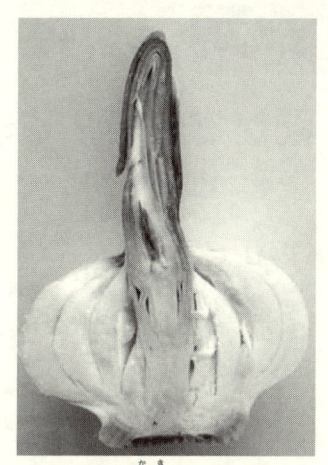

正解は5年。最初の年は、爪楊枝程度の細い葉が一本生えるだけだ。2年目以降、少しずつ大きい葉が出る。光合成でつくった栄養分が蓄えられて、毎年、球根が大きくなっていく。十分栄養が蓄えられると5年目ぐらいに花が咲く。

種から育てたチューリップは、花びらの色や形が親と同じでないことが多い。めしべにほかの花の花粉がついて受精したので、子は親と異なる遺伝子をもつからだ。

それに対して、球根から育てれば同じ花が咲く。販売されている球根は、親の球根から数個の球根ができたものであるので、遺伝子は皆同じ。だから、園芸店では黄色や赤など色を明示して球根を販売できる。

新しい品種のチューリップを作ろうとしたら、種から育てるしかない。新品種ができても、一個の球根から、分球をくり返して販売できる数を確保するまでは10年以上かかるそうだ。

このようなチューリップの話をすると子どもも大人も、「へー！」と感動する。たかがチューリップ、されどチューリップである。

※チューリップの種は、ナリカで教材用に販売されている。

生物-6

小5、中1

種ができる？できない？

　私は、チューリップだけでなく、「花が咲くか」、「種ができるか」を中学1年の授業で生徒に発問していた。以下が、その一部である。
①ジャガイモ……多くの生徒が花が咲くと答えた。小学校で栽培して見ている。種ができるかと聞くと、3分の2程度の生徒ができると答える。
　しかし、種イモが種だという勘違いがほとんどである。花が咲いたあと、まれにミニトマトのような実がなり、中に種ができる。生徒が「ジャガイモにトマトがなった」と言って、赤い実を持ってきてくれたことがある。ジャガイモもトマトも、同じナス科の植物だ。
②サツマイモ……ごくまれに花が咲く。私は1度だけ見たことがある。ヒルガオに似た花だ。
　サツマイモ、ヒルガオ、アサガオとも、ヒルガオ科の植物だ。
③イネ……まわりに田んぼがある学校にもかかわらず、3分の1の生徒が花が咲かないと答えた。

サツマイモの花

イネの花は緑色で目立たないが、穂から白いおしべの薬（花粉の入った袋）が白く出て咲く。種ができないという生徒が5％！　毎日食べているお米が、イネの種なのに。田植えの前に、籾をまいて苗を作っている。
④マツ……サクラの花が散って葉桜になるころに、雌花と雄花が咲く。雌花は赤い小さな松ぼっくりのような形をしている。
　雌花に花粉がついてから、松ぼっくりになるまで2年かかる。

マツの雌花

小5、中1

植物のどこを食べている？

　植物の体のつくりやはたらきを理科で学習するが、毎日食べているのが植物のどの部分に当たるのか、ほとんど意識していない。授業で取り上げると、子どもたちが興味をもつ。

①根を食べている
　　ダイコン、ゴボウ、ニンジン、サツマイモ
　　ダイコンのひげ根の生えているあたりは根だが、上の方は茎である。

②茎を食べている
　　アスパラガス、タケノコ、レンコン、ショウガ、ジャガイモ
　　レンコン、ショウガは、地下茎の部分を食べている。
　　ジャガイモのイモは、茎が栄養を蓄えてふくらんだものだ。

③葉を食べている
　　キャベツ、ホウレンソウ、フキ、セロリ、ネギ、タマネギ、ユリ根
　　フキ…葉の葉柄の部分を食べている。フキの茎は地下茎で、土の中だ。
　　セロリ…これも葉の葉柄の部分だ。茎ではない。
　　ネギ…葉が筒状になっているが、外側が葉の裏で、内側が表だ。
　　タマネギ…葉が栄養を蓄えてぶ厚くなっている。
　　ユリ根…根ではなく、タマネギと同じように茎である。

④花（つぼみ）を食べている
　　カリフラワー、ブロッコリー、ミョウガ

⑤実や種を食べている
　　ナス、キュウリ、カボチャ、ミカン、リンゴ、バナナ、トウモロコシ
　　コムギやイネも種を食べていることになる。
　　ダイズは、未熟な実が枝豆で、完熟させた種が大豆である。

生物 -8　小6、中2

バナナのでんぷんを顕微鏡で観察しよう

　小学校では、ジャガイモのでんぷんの観察がある。
　ジャガイモを摺りおろして、ガーゼでろ過した液をしばらくおいておくと、白くでんぷんが沈む。
　でんぷんは水に溶けない。そのため、葉っぱで光合成してできたでんぷんは、そのままでは運べない。一度、でんぷんを糖に変化させてから、成長している部分やイモに運ばれて利用している。
　イモに運ばれた糖から、再びでんぷんが合成されて蓄えられる。
　分子の目でみると、鎖の1つ1つの輪が糖で、それがつながってできているのがでんぷんに相当する。
　糖の分子が、何百、何千もつながってでんぷんの分子ができているのだ。
　バナナを使うと、細胞の中にでんぷんが含まれているのを簡単に観察することができる。

①バナナの食べる部分を爪楊枝でほんの少し、スライドガラスにつける。
②ヨウ素液をかける。でんぷんがあると青紫色になる。
③カバーガラスをかける。
④顕微鏡で観察する。

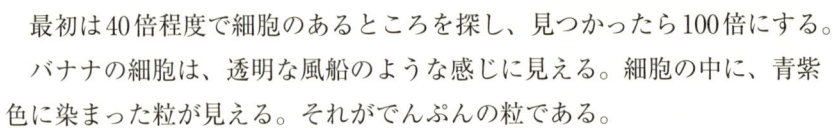

　最初は40倍程度で細胞のあるところを探し、見つかったら100倍にする。
　バナナの細胞は、透明な風船のような感じに見える。細胞の中に、青紫色に染まった粒が見える。それがでんぷんの粒である。
　まだ青いバナナと、黄色く熟して黒い点が出ているようなバナナで比較してみるとおもしろい。

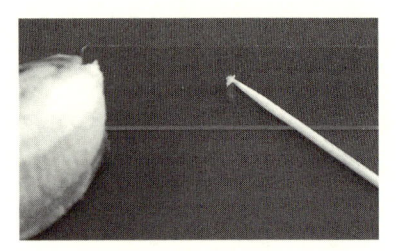

生物

　デジカメで撮影したものを提示して、子どもたちにどちらが熟したバナナか考えさせるとおもしろい。

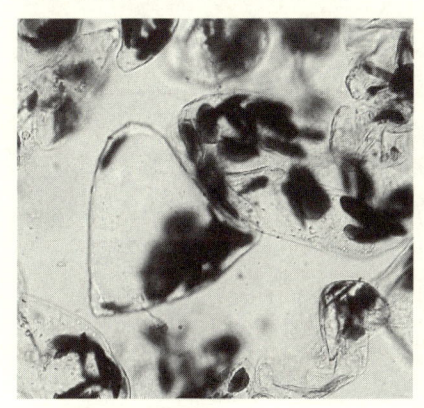

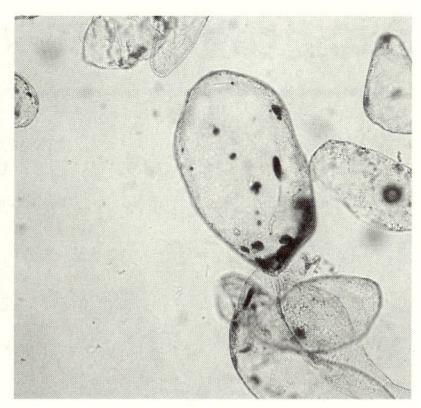

　予想を挙手で確かめると、上の左の写真が熟したバナナと予想する生徒が多い。理由を聞くと、「でんぷんがたくさんあるから」という。少数派に聞くと「熟してでんぷんが糖になって甘くなる」という。
　味わえばわかる。でんぷん粒が多いバナナは甘くない。でんぷんが糖に変化して甘くなる。
　熟したバナナはでんぷん粒の少ない右である。少数派が正しいという逆転現象が起こる。

ワンポイントアドバイス　バナナの食文化

　日本では青いバナナを輸入し、黄色くしてからデザートとして食べている。糖の甘さを味わっている。
　品種はちがうが、東南アジアやアフリカなどでは、青いバナナをふかして食べている。私たちがイモをふかして食べているのと同じである。
　このような話をすると、バナナの細胞の観察から、でんぷんと糖の関係、食文化までつながっていく。「へー」と声があがる。

子どもが理科に夢中になる授業

生物-9　　　　　　　　　　　　　　　　　　　小6、中1

水の通り道を観察しよう

　今回の学習指導要領改訂で、小学6年に植物の体の「水の通り道」が登場した。従来、中学1年で学んでいた内容で、私も中学校で何度も観察を指導した。そのときに、迷うことが2つある。

　1つは植物の選択だ。中学校の教科書には、ホウセンカ（双子葉類）とトウモロコシ（単子葉類）が載っている。しかし、授業で扱う5月ごろには、まだ使えるほど大きく成長していない。もう1つは、何で染めるかだ。これらを解決し、「水の通り道」を観察するコツを紹介する。

①何を使うか　〜ブロッコリーとアスパラガスが便利〜

　観察材料には、双子葉類としてブロッコリー、単子葉類としてアスパラガスを用いるとよい。いずれも、八百屋でほとんど1年中入手が可能である。茎が太いのでカッターナイフで切るだけで水の通り道（道管）の分布のようすがわかる。茎に対して直角に切った場合（横切り）、ブロッコリーは茎の外側近くに輪になって分布しているのに対して、アスパラガスは茎の断面全体に分布している。また、縦に切ると、茎の中を管がずっとつながっているのがわかる。

ブロッコリー 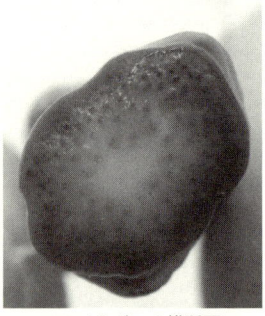　　　アスパラガスの横断面 　　　アスパラガスの縦断面

野菜を利用する例では、フキやセロリを使う実践もある。しかし、この場合、茎ではなく葉の一部である葉柄（ようへい）を見ていることになる。

ワンポイントアドバイス　鮮度と切り戻しがポイント

ブロッコリーもアスパラガスも、国産で鮮度のよいものを使うとよい。切り口が乾いていると吸い上げが悪い。購入したら、切り戻しをして、水につけておく。

②何で染めるか　〜植物染色液がよく染まる〜

赤インクはよく染まるので、1クラスだけ急いで観察する場合にはよい。しかし、植物がすぐ枯れてしまう。

食品売り場にある食紅は、でんぷんの一種であるデキストリンが半分以上入っている。デキストリンが道管に詰まることがあるので、吸い上げがあまりよくない。

一押しは、白い花を赤や青などに染めるための切り花用着色剤である。理科教材会社からは、植物染色液として販売されている。

観察の1時間前に吸い上げを開始するとよい。野草など葉がたくさんあり元気なものは30分程度で染まるのに対し、アスパラガスのように葉がないものは吸い上げが遅い。

ただし、吸い上げがよい場合、時間がたつと道管以外まで赤く染まってしまう。必要以上に早く吸い上げはじめない方がよい。

ワンポイントアドバイス　オオバコで水の通り道を観察

水の通り道が、根→茎→葉とつながっていることは、オオバコを使うと簡単に確かめられる。オオバコは、踏みつけに強い。それは、水の通り道である道管（維管束）が丈夫だからだ。手で根や葉をちぎると、白い糸のようなものが出てくる。それが維管束である。染色液に根をつけておいてから葉をちぎると、白かった維管束が赤くなっているのが分かる。

生物 -10　　　　　　　　　　　　　　　　小6、中1

葉の気孔を観察しよう

　水の通り道は、根→茎→葉とつながっている。葉まで吸い上げられた水の最終的な出口が気孔である。

　気孔の観察には、葉の表皮（薄い皮）をはがして顕微鏡で観察するのが一般的である。中学校の教科書では、ムラサキツユクサなどツユクサの仲間がよく使われている。ツユクサの仲間は、表皮をはがしやすいだけでなく、気孔が大きいので観察しやすいのだ。

　しかし、多くの植物では、表皮は簡単にははがれない。そんなときに簡単に観察する方法を紹介する。

用意するもの
アジサイ、サザンカなどの葉、木工用ボンド、セロハンテープ、顕微鏡、スライドガラス

方　法
①葉の表面に木工用ボンドを薄く塗る。
　写真のように木工用ボンドが白く見えているようでは、厚すぎる。白く見えないくらい薄く塗った方が乾くのが早い。

②木工用ボンドが乾いたら、セロハンテープをその上に貼ってはがす。

③乾いた薄皮がついたセロハンテープをスライドガラスに貼って、顕微鏡で観察する。

顕微鏡観察の際、水やカバーガラスは使わない。

くちびるやコーヒー豆のように見えるのが、気孔である。

葉の表と裏の両方を観察して、気孔がどちらに多いか比べてみるとよい。

ワンポイントアドバイス　シマフムラサキツユクサがおすすめ

　シマフムラサキツユクサ（園芸店ではゼブリナという名前で出ていることもある）は、表皮をはがさないで葉のままでも、気孔を観察できる。

　さし木で簡単に増えるので、学校で育てておきたい。冬は室内で育てないと枯れてしまう。

葉の裏側が紫色をしている

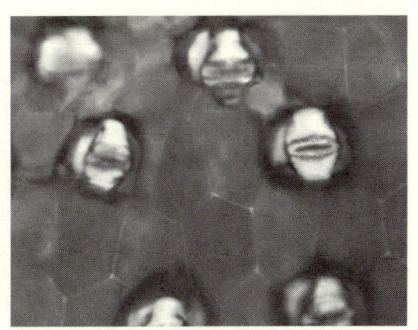

葉のままでこのように見える

子どもが理科に夢中になる授業

生物 -11　　　　　　　　　　　　　　　小6、中1

サクラの葉脈を描いてみよう

　植物や動物（昆虫）の観察の前に、見ないで描かせるとおもしろい。たとえば、子どもたちに、サクラの葉を描かせてみよう。誰もが見たことあるはずなのに、いざ描くとなると、よく見ていないことに気づかされる。「あれども見えず」である。

　葉を見ないで描いたときによくある例。
　左：葉にギザギザがない
　右：ギザギザがあるが葉脈が正しくない

　お互いに、ここがおかしいなどと指摘させたあと、本物を見ると「ギザギザがあるかないか」とか「葉脈はどのようになっているか」などの視点をもって見ることになる。
　枝分かれした葉脈はまっすぐではなく、縁に近づくとY字型に分かれ、湾曲している。
　葉脈を観察するときは、葉を蛍光灯の光などにすかしてみるとよくわかる。

小森のエピソード　テスト中に葉を配る

　中学1年の定期テストの際、試験中に全員に1枚ずつサクラの葉を配り、「授業中の約束にしたがってスケッチしなさい」という問題を出していた。採点の際は、次の3点をチェックした。
　①輪郭の線を1本で書いてあるか。何回もなぞって描いてはいけない。
　②葉のギザギザが正しい向きに描いてあるか。

③葉脈の先が湾曲して描いてあるか。
このように視点を限定して採点すればぶれない。

小森のエピソード　桜餅の香り

スケッチに使わずに残ったサクラの葉を封筒に入れたまま、半月ぐらい放置してしまった。気づいて捨てようとしたら、桜餅の香りがした。緑の生の葉では匂わないが、しばらく放置すると桜餅の香りが出てくるのだ。

調べてみると、クマリンというのが香りの成分で、葉を半乾きにしたり塩漬けにすると出てくるとのこと。

中学校では、ツユクサやユリなどの単子葉類の葉脈は、平行脈と学習する。輪郭だけ描いておいて、葉脈を描かせると「平行」という言葉に惑わされて、本当に平行に描いてしまう生徒がいる。根で吸収した水を茎を経由し、葉のすみずみまで運ぶための水道管にあたるのが葉脈だ。「平行」になっていたら、葉柄からつながっていないことになり、水が通らない。

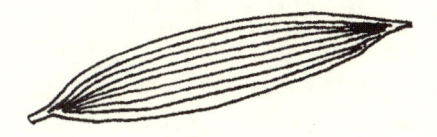

この視点で、イチョウの葉脈を描かせるとおもしろい。下図の左のようになっていたら、水をすみずみまで運ぶことができない。右のように、扇形の葉の先に行くにしたがって、二股に分かれているのだ。

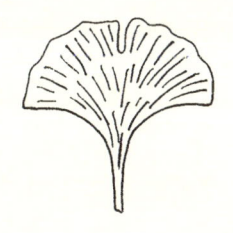

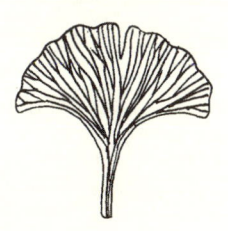

【出典】小林萬壽男『植物形態学入門』（共立出版）絶版

子どもが理科に夢中になる授業

生物-12　ひっつき虫が服に付くしくみを見よう

小3〜5、中1

　秋になると「ひっつき虫」とよばれる、服などにつく種ができる。オナモミ、アメリカセンダングサ、イノコヅチなどだ。
　これらの種（正確にいえば実）を虫眼鏡や双眼実体顕微鏡で見るとおもしろい。服につくしくみがよくわかる。

①オナモミ（正式には、オオオナモミ）

　投げ合って服につけて遊ぶひっつき虫の代表だ。拡大してみると、とげの先がかぎ針のように曲がっていて、刺さると抜けないようになっているのがわかる。
　これと同じつくりになっているのが、面ファスナー（マジックテープ）である。
　1948年、スイスのメストラル氏が狩りに出かけると、犬や服に野生ゴボウの実がたくさんついていた。持ち帰り、顕微鏡でかぎ針のようになっているのを見つけ、それを元に面ファスナーを発明したのだ。詳しくはクラレのサイトにある。

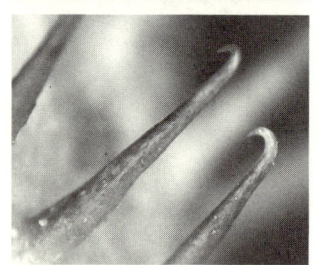

小森のエピソード　ゴボウを育てる

　15年ぐらい前にクラレのサイトで、ゴボウの実が面ファスナーの元になっていると知り、知り合いにゴボウの花や実をもらった。それだけではなく、種をまいて育てた。1年目はゴボウを収穫して食べ、一部を残して

おいた。翌年は背丈ほどに伸びて、アザミのような花が咲いた。ゴボウもアザミもキク科で同じ仲間だ。ゴボウを学校で育てて、子どもたちに花や実を見せたいものだ。

ゴボウの花

②アメリカセンダングサ

よく見ると、花はマリーゴールドに似ている。同じキク科の植物だ。

槍のようにとがった種が服にささって、なかなかとれない。拡大してみると、抜けないように小さなとげが逆毛になっている。

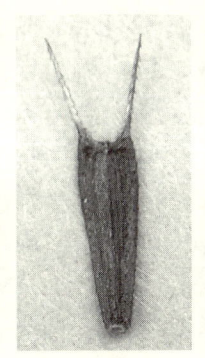

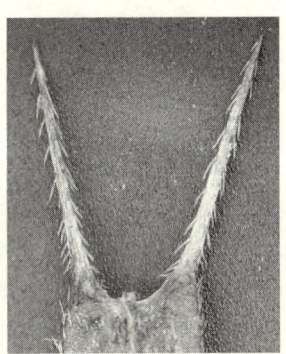

③イノコヅチ

穂のように並んでいる種（実）をよく見ると、虫が並んでいるように見える。さらに拡大してみると、2本の角のようなものが出ている。

この角が服の繊維に引っかかってくっつくのだ。

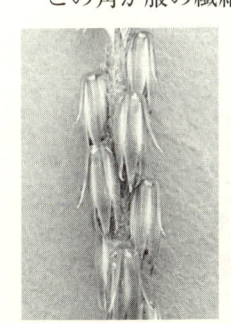

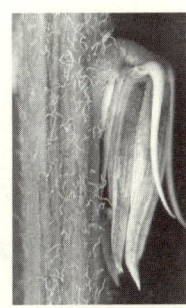

生物-13

小6、中2

だ液の実験をスマートに

　消化の実験として、小学6年では、だ液によってでんぷんが変化すること、中学2年ではだ液によってでんぷんが糖になることを確かめる。

　口からだ液を出して使うので、誰がだ液を出すかもめる。じゃんけんに負けて、泣き出した女子がいたと聞いたこともある。だ液のはたらきを学ぶはずの実験が、嫌悪感を生む場面になってしまうのは残念だ。

　また、だ液によってでんぷんが変化した試験管でヨウ素液は変化せず、対照実験としてだ液の代わりに水を加えた試験管でヨウ素液が変化する。ヨウ素液の色に注目すれば、液の色が「変化しない」方が、だ液のはたらきででんぷんが「変化している」という逆転は、子どもを混乱させる。

　この2つの問題を解決する方法を紹介する。

用意するもの

綿棒、ご飯（または0.1％でんぷんのり）、乳鉢（または小さなすり鉢）、薄いヨウ素液（原液を水道水で3倍にうすめたもの）、試験管、綿棒

方　法　（量は1セット分）

①綿棒を口にくわえてだ液をしみこませる。

※お行儀が悪いが、綿棒を口に入れたまま、以下の準備を進める。

②ご飯粒1つに対して、水を10mLの割合で加えてすりつぶし、でんぷんのりを作る。

③薄いヨウ素液を2滴加えて青くする。

※色がついたまま放置しない。だ液なしでも1時間ほどで無色になる。

④青くしたでんぷんのりを2本の試験管に1.5cm程度ずつ入れる。

⑤一方の試験管にはだ液のしみこんだ綿棒を、もう一方の試験管には、水をしみこませた綿棒を入れる。

⑥両方の試験管を手で握って温める。ときどき、色のようすを見る。
※寒い日に行うときは、体温程度のぬるま湯に試験管をつけておく。

結　果

　3分から5分程度で、だ液をしみこませた綿棒を加えた試験管は、青紫色がうすくなり無色になる。水の方は青紫色のままである。

写真は4分後　左がだ液入り

　これなら、だ液のはたらきででんぷんが変化し、水ではでんぷんが変化していないと、ストレートに考察しやすい。

ワンポイントアドバイス　実験を成功させるコツ

①ヨウ素液の濃さは、予備実験をして確かめておく。
　青紫色が濃いと、色が消えるのに時間がかかる。
②「抗菌タイプ」の綿棒の中には、うまくいかないものがある。
③綿棒にしみこんだだ液の量が少ないので、薄いでんぷんのりを少量使う。
　綿棒を口から出す前に、綿を歯でかむとだ液がたくさんしみこむ。
※これを参考に、予備実験をしてから授業に臨んでほしい。

　市販の問題集などは、教科書通りの実験方法だ。この方法で実験した場合も、教科書の実験について解説しておく必要がある。次の流れで行うとよい。
①今回の方法で実験する。
②教科書通りの実験方法だとどうなるか予想させる。
③結果を教え、理由を説明させる。結果を解釈し説明する力がつく。

【参考文献】正元和盛、川元信人「新規デキストリンを用いただ液のはたらきを調べる実験開発」、『理科教育学研究』2008年11月

生物 -14　　　　　　　　　　　　　　　　　　小6、中2

消化と吸収を分子の目で見ると

　消化とは、食べ物に含まれる栄養分を、体に吸収できるような小さな分子に分解するはたらきである。

　でんぷんの分子は、下の図のようなモデルで表すことができる。小さな単位（糖）が、何百も連なってできている鎖のようなものだ。

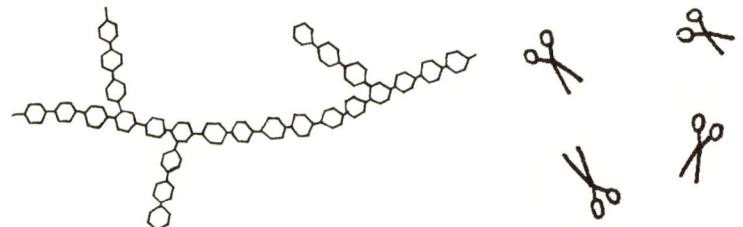

消化酵素は分子を切るはさみ

　だ液の中に入っている消化酵素は、この鎖を切るはさみにたとえられる。小腸では、腸液に含まれる消化酵素が、さらに小さく分解する。

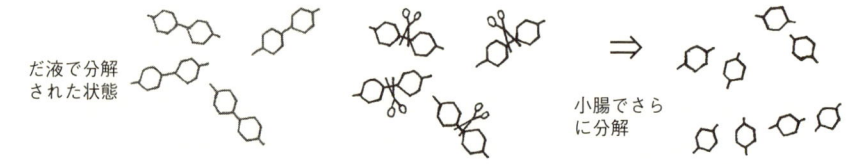

だ液で分解された状態　　　　　　　　　*小腸でさらに分解*

　口に入れた段階で、食物が体内に入ったと思いがちだ。しかし、口から肛門までは長いパイプのようなもので、体の中を通っているが、ドーナツの穴のようなもので体内ではなく、体外だ。本当の意味で体内に吸収される（ドーナツの中に入る）のは、小腸からだ。

　じゅう毛といわれる突起の部分から、毛細血管に取り込まれる。細胞表面の膜にある小さな穴を通過できるように、小さな分子に分解している。

　小腸で血管に取り込まれた糖をそのまま血液に流してしまうと、血糖値

が不安定になる。そこで一定量に調節するために、肝臓で余計な糖をグリコーゲンに変えて蓄える。

タンパク質は、20種類のアミノ酸がさまざまな組み合わせで結びついてできている。消化酵素の働きでタンパク質はアミノ酸まで分解される。

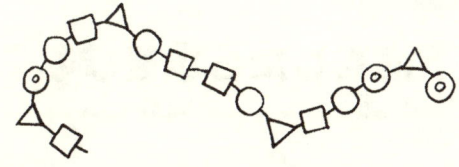

豚肉を食べても、人のタンパク質になるのは、一度アミノ酸という単位にまで分解して吸収し、肝臓で人のタンパク質に組み直しているからだ。

たとえてみれば、おもちゃのブロックでできた家をバラバラにして、ビルに作り替えるようなものだ。

アミノ酸をどのように組み合わせるかの設計図が、遺伝子である。

ワンポイントアドバイス　学年間、領域間の関連を意識しよう

今回の学習指導要領では、エネルギー、粒子、生命、地球の4つを貫く柱として、小学校から高校までの系統性をもたせるようになっている。

文科省の『学習指導要領解説　理科編』に一覧表がある。表の学年間（縦）の関連だけでなく、領域間（横）の関連も意識して授業すると、学習したことがつながり、子どもたちが「なるほど」と納得して理解する。

子どもが理科に夢中になる授業

生物-15

小6、中2

下痢をしたら水を飲む？　〜水分の吸収〜

人体の学習のあとで、私は次のような問題を出していた。

> ある日、Aくんはおなかをこわして、ゴロゴロ・ピーの下痢便になってしまいました。学校を休んで布団の中で寝ながら、Aくんは考えました。
> 「この下痢便をなおすには、水分をとらない（飲まない）ようにすればよいのかな？　そうすれば、硬いウンコにもどるのでは……」
> Aくんのこの考えは正しいでしょうか？

　水分を減らせば、下痢便が治ると考えがちだ。しかし、小腸や大腸の働きに照らし合わせて考えると、「水分を吸収しないまま出している」ことになる。そのため、体内は水不足なのだ。下痢のときはふだん以上に水分をとらないと、脱水症状になってしまう。このような話を付け加えると、子どもたちの関心が高まる。
　人間ドックなどでバリウムを飲んで胃検診をしたあと、下剤を渡され「水分を多めにとって下さい」と言われる。水をたくさん飲んで軟らかい便でバリウムを出すためと思うかもしれないが、下剤で水分を吸収しないまま便を出すので、水不足になるから水分を多くとる必要があるのだ。

🧑‍⚕️ ワンポイントアドバイス　水分のほとんどは小腸で吸収

　かつて「大腸のはたらきは水分の吸収」と教えていた。しかし、小腸では水に溶けた栄養分を吸収しているので、実際の水分吸収は95％が小腸からで、残りが大腸からである。

16- 生物

小6、中2

日米うんこ比べ

クイズ

日本人とアメリカ人が、1日にするウンコの量は、どちらが多いでしょうか？ 平均で考えることにします。

　ア　日本人　　　イ　アメリカ人　　　ウ　同じくらい

そう考える理由は？

このクイズは、「日米うんこ比べ」と称して、人体の学習で中学生に使っていた。子どもたちは、ウンコの話が好きだ。

勘ではなく、ちゃんと理由を説明できることが重要だ。

「アメリカ人の方が体が大きいから」「日本人は繊維質を多く食べるから」などと出てくる。

クイズの答え　　ア

アメリカ人のウンコは多くても 150 g だが、日本人のウンコは 150〜200 g ある。

日本人の方が繊維質の多いものを食べているからである。繊維質を多くとるアフリカのある地域では、1日に 750 g もウンコをするとか。

日本で最初に水洗トイレを作ったころ、パイプの太さをアメリカ並みにしたら、糞づまりがよく起こったという。その後、日本仕様で太いパイプにしてあるので、つまらなくなっている。

こういう話は、誰かに言いたくなる。家庭でも理科の話題が登場するようになる。

【出典】Quark 編『人体スペシャルレポート』（講談社ブルーバックス）絶版

子どもが理科に夢中になる授業

生物 -17　｜小6、中2｜

体内の血液量と血管の長さ

クイズ
あなたの体の中に、血液はどのくらい（何リットル）あると思いますか。
ア　1L　　イ　4L　　ウ　8L　　エ　12L　　オ　20L

ちょっとした切り傷、擦り傷でも血が出てくるので、子どもたちは血液量を多く予想する。20Lという生徒もいるくらいだ。

クイズの答え　イ
ヒトの血液量は、体重の約13分の1であり、体重50kgの場合、約4Lである。（より正確にいえば、男性は体重の8％、女性は7％である）
数字で4Lと正解を教えるだけでなく、食紅などで赤く色をつけた水を入れたペットボトルを見せるとよい。2Lのペットボトル2本だけである。

クイズ
からだ中の血管を全部つなぐと、どのくらいの長さになるでしょうか。
ア　10m　　イ　1000m　　ウ　100km　　エ　10万km

1000mは1kmである。「学校から駅ぐらい」のように具体例を出すとわかりやすい。10万kmは地球4周半分の長さだ。

クイズの答え　エ
体のすみずみまで、毛細血管が張り巡らされているから、指先にちょっととげが刺さっただけでも血が出るのだ。

小6、中2

18- 生物

心臓が送り出す血液の量を計算しよう

　心臓の大きさは、握りこぶし大といわれている。1分間の鼓動を数えて、心臓が送り出す血液量を計算するとおもしろい。

　最初に「あなたの心臓は、今1分間に何回、鼓動しているでしょうか」と予想をたてさせる。手首やこめかみなどで、脈を測れるところを全員が確認できたら、教師の指示で一斉に数える。教室がシーンとなる。

計　算　　1日に送り出している血液の量は？

①心臓は1回に約60cm³（大人は約70cm³）血液を送り出しています。あなたの心臓は、1分間に何cm³の血液を送り出していることになりますか？

　　例　脈拍が1分間に80回なら、60cm³ × 80 ＝　4800cm³ ＝ 4.8 L

　　※ここで、小数点以下は、四捨五入して、以下の計算に進む。

②1日には、何Lくらいになりますか？

　　　例　1時間で　　5 L × 60 ＝ 300 L

　　　　　1日では　300 L × 24 ＝ 7200 L　　約7000 L

　ドラム缶1本が200 Lなので、心臓は1日にドラム缶35本分の血液を送り出していることになる（上の計算は小6〜中2でのおよその値）。血液の循環を研究したイギリスのハーベー（1578〜1667年）は、静脈の弁が血液の逆流をふせいでいることを実験で確かめた。さらに、今のように心臓が送り出す血液の量を計算した。すると、1日で体重をはるかにこえる量になることから、血液はぐるぐるまわっているという考えを1629年に発表した。しかし、動脈の先がどのようにして静脈につながっているのかは、わからなかった。その約30年後、イタリアのマルピーギが顕微鏡で観察して、動脈と静脈が毛細血管でつながっていることを見つけたのだ。

子どもが理科に夢中になる授業

生物 -19　　　　　　　　　　　　　　小6、中2

ドジョウで血液の流れを観察しよう

　教科書には、メダカを使う例が載っている。チャックつきポリ袋に少量の水といっしょにメダカを入れて尾びれを顕微鏡で観察する。
　観察は手短に行い、なるべく早く水槽に戻すようにする。しかし、メダカが弱ってしまい、水槽に戻しても死んでしまうことが多い。
　その点、ドジョウならしばらく観察に使っても大丈夫である。用水路や田んぼでつかまえることができない地域では、大きな魚屋さんやペットショップで入手できる。50ｇ買うと、10匹以上いるので十分である。

用意するもの
ドジョウ、名刺サイズ程度のチャックつきポリ袋、顕微鏡
※ドジョウは5cm以下の小さい方がよい。大きいと袋の中で動き回る。
　お店で購入する際は、日本産の方がよい。私の経験では、輸入のドジョウは飼育しようとしても死んでしまうことが多かった。

方　法
①ドジョウをチャックつきポリ袋に入れる。水はなくてよい。
　空気が入らないようにして封をすると動き回らない。
※逃げることがあるので、バットなどの上で袋に入れるとよい。
②顕微鏡のステージの上に袋ごとのせて、尾びれを観察する。

※顕微鏡によっては、袋だけをステージにのせるとピントが合わないときがある。その場合は、定規やスライドガラスの上に袋を置くとよい。

尾びれのほか、ひげでも血流が見える。単に血流をみるのではなく、血液が循環していることを確認するために、ひれやひげの先を観察するように指導する。血管がU字型になっていて、血管中を赤血球がUターンしているようすを見ることができる。

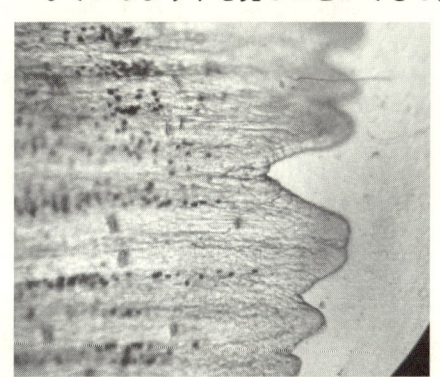

黒い点はドジョウの色素 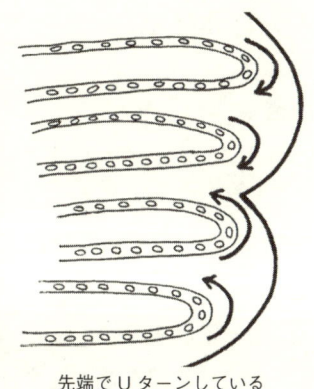　　　　先端でUターンしている

ワンポイントアドバイス　動画撮影しよう

デジカメで動画撮影をしておくと、授業で繰り返し見せることができる。

ワンポイントアドバイス　ドジョウを扱う際のポイント

①夏は水温が高く、ドジョウが暴れがちである。観察前にドジョウを水槽から別の容器に移し、水に氷を入れて水温を下げておくとよい。

②ドジョウを水槽で飼育する際は、必ずふたをしておく。ふたがないと、ドジョウが水槽から飛び出して、ひからびて死んでいることがある。

※ドジョウはえら呼吸のほかに、腸で呼吸するのでときどき水面にあがって空気を飲み込む。潜りながら肛門から空気を出す。

子どもが理科に夢中になる授業

生物-20　　　　　　　　　　　　　小6、中2

本物の心臓を観察しよう

　いくら教科書がオールカラーになっても、インターネットで動画を見せても、目の前の本物にはかなわない。動物単元では、ぜひ、本物の心臓を見せたい。

カエルの解剖

　大きな食用ガエルでは、心臓が指の爪ぐらいある。太い血管を糸で結んでから取り出し、生理的食塩水（カエルは0.65％）につけておくと、1時間以上動き続ける。

　ドクッドクッと伸縮を繰り返す、赤い心臓は一生脳裏に焼き付くはずである。ただし、カエルの入手など簡単にできないという欠点がある。

ブタの心臓

　肉屋さんに頼んでおけば、ハツとして丸ごと1個入手できる。寄生虫の検査のため、必ず切れ目が入っているのが残念。大きさに圧倒される。

　教室に1個あるだけでも、効果がある。ただし、値段が高い。

ニワトリの心臓（鳥ハツ）

　大きなスーパーの肉売り場にある。ただし、肝臓とセットになってパックになっている場合もある。精肉屋さんで「トリの心臓」と頼めば、1個15円ぐらいで入手できる。

　冷凍のものより、精肉屋さんで頼む生の方が扱いやすい。

　以下、ニワトリの心臓の観察法を紹介する。

生物

用意するもの
心臓（1人に1つあると理想的）、下に敷く紙、メスまたはカッターナイフ、スポイト、プリンカップ、爪楊枝

方法
観察は2人一組になって行う。
①紙の上に置いて形や血管に注目してスケッチする。
②血管に爪楊枝をさして、血管がどこにつながっているか想像してみる。
③爪楊枝を抜き、スポイトで水を注入してみる。どの血管がつながっているかわかるので、スケッチに書き込む。
④2人組で1つの心臓を横に切ってみる。
⑤もう一個の方は、縦に切ってみる。下図のように心臓の心室がわかる方向で切る。

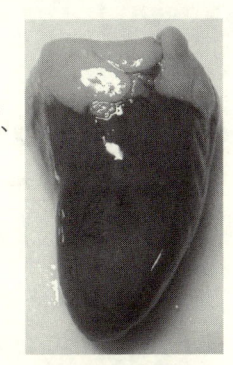

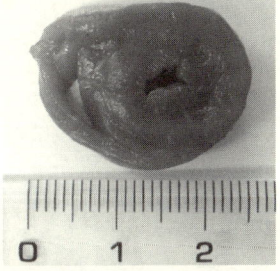

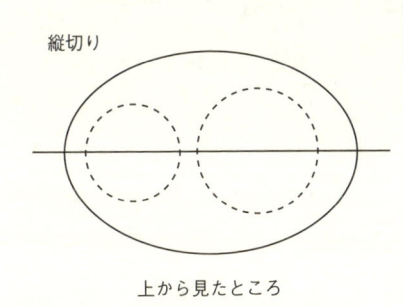

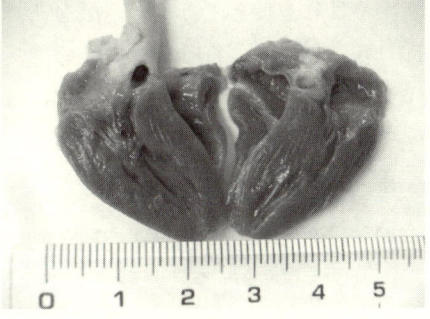

縦切り

上から見たところ

⑥左右の心室の筋肉の厚さを比較する。筋肉の厚さの違いに驚かされる。
※鳥の場合、左右の心室の筋肉の厚さの違いがヒトの心臓よりも大きい。鳥は飛ぶために全身に大量の血液を送らなければならないからだろう。

子どもが理科に夢中になる授業

生物-21

小6、中2

ニワトリの脳を観察しよう

「鶏頭水煮」というドッグフードを使って、簡単に脳を観察することができる。一缶の中に、12〜15個のニワトリの頭が入っている。骨まで柔らかく煮てありシーチキンのような状態になっている。味見をした生徒によると「塩気のないシーチキン」とのこと。

用意するもの
鶏頭水煮、割りばし、シャーレやプリンカップ、カッターナイフ

方　法
手やはしを使って、そっと頭をあけていく。柔らかくくずれやすいので、取り扱いは慎重に行う。次の手順で、大脳、小脳、視神経などを観察する。
①頭の皮をむき、頭骨（頭蓋骨）をはずす。
②大きいのが大脳だ。大脳に続いて、中脳、小脳、延髄、せき髄がある。
③鳥は空を飛ぶので、平衡感覚をつかさどる小脳が発達している。眼球活動をつかさどる中脳も大きい。
④脳を裏側からみると、視神経が左右の眼球に向かってのびているのがわかる。
※ニワトリを教科書や資料集にあるヒトの脳と比較させてみるとよい。

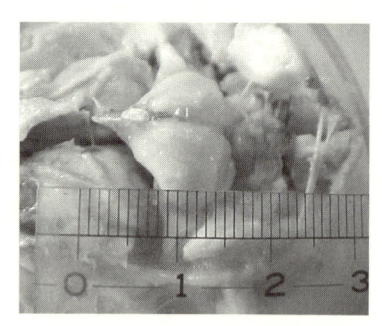

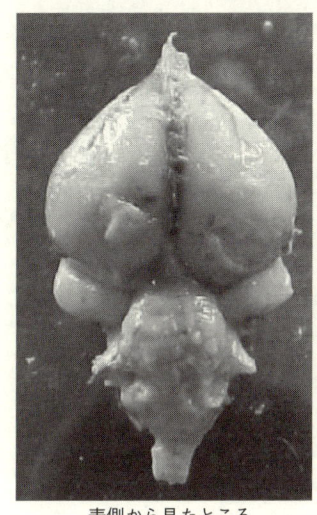

生物

表側から見たところ 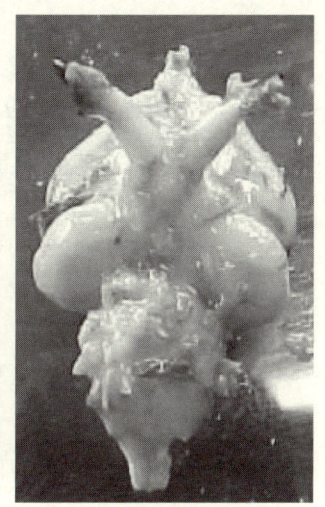　　　裏側から見たところ

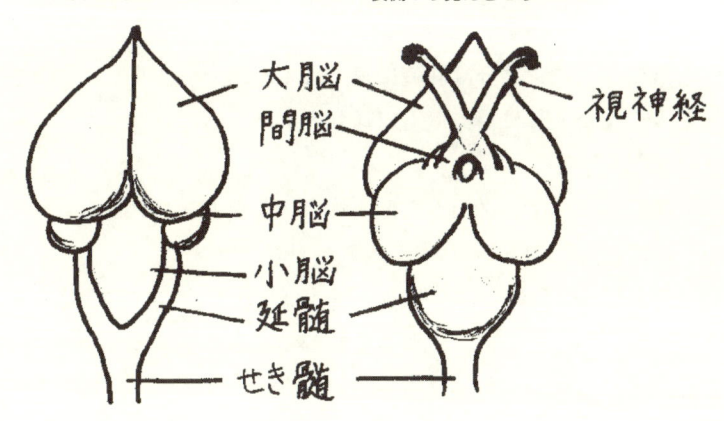

大脳
間脳
視神経
中脳
小脳
延髄
せき髄

🧑 ワンポイントアドバイス　冬は缶をお湯で温めてから開封

　冬は温度が低いので、油や煮こごりが固まっていることがある。缶を開ける前に、お湯につけて温めておくとよい。熱くし過ぎると臭いが鼻につくので、ほどほどにしておく。
※未開封のままガスコンロで加熱してはいけない。

生物-22 小6、中2

体内最大の化学工場・肝臓

　大人の肝臓は 1.5kg もあり、人体の中で最も大きな臓器のひとつである。肝臓は、500 種類以上の化学変化が起こっているすばらしい化学工場ともいえる。

　1989 年に放映された、NHKスペシャル『驚異の小宇宙－人体』では、肝臓のはたらきを工場で行うとどのくらいになるか計算した。すると、敷地面積が 300k㎡と東京都の面積になり、建設費は 100 兆円と試算された。肝臓のおもなはたらきから、4つ紹介する。

①栄養分の貯蔵

　小腸から吸収された栄養分は肝臓に運ばれる。糖からグリコーゲンを合成し蓄える。必要なときに糖に変えて送り出す。

②タンパク質の合成

　小腸から吸収されたアミノ酸から、人体に必要なタンパク質を合成する。

③胆汁をつくる

　1日に 0.5～1Lの胆汁が作られる。胆汁は、脂肪を分解する酵素を助ける働きがある。胆汁中には、赤血球を分解したものが入っている。その色素が茶色いので、便が茶色くなる。

④解毒

　細胞で生じたアンモニアを尿素に変えたり、体内に入った毒物を分解したりして無害にしている。お酒のアルコールは肝臓で分解される。お酒を飲み過ぎると、肝臓に負担がかかって肝硬変などの病気になってしまう。薬も、人体にとっては異物＝毒物であるので、肝臓で分解している。だから、「毎食後1日に3回」のように一定の間隔を置いて飲まなくてはならないのだ。

小6、中2

グリコとグリコーゲン

23- 生物

　私たちにとってエネルギー源である糖は、肝臓でグリコーゲンという物質になって蓄えられている。このグリコーゲンとキャラメルの「グリコ」は無関係ではない。

　大正8年、薬の行商をしていた江崎利一（グリコの創業者）は、佐賀県の有明海沿いの堤防で特産のカキを鍋でゆでている漁師たちに出会った。

　薬業新聞にあった「カキにはエネルギー代謝に大切なグリコーゲンが、多く含まれている」という記事を思い出し、捨ててしまうゆで汁をもらって帰り、九州大学で調べてもらう。

　すると、ゆで汁にはグリコーゲンが大量に含まれているほかに、カルシウムなどのミネラル分も含まれていて、栄養剤になることがわかった。

　江崎は、一番栄養を必要とする子どもたちのために、グリコーゲンを菓子の中に入れようと思い立つ。それが、大正11年に発売されたグリコーゲン入り栄養菓子「グリコ」だ。

　江崎は、ほかのキャラメルより目立たせるために、両手を上げてゴールインする姿を健康の象徴として、パッケージに描いた。また、「1粒300メートル」というキャッチコピーをつけて売り出した。

　江崎グリコのサイトの「ＱＡコーナー」に次のようにある。

「グリコ一粒は16kcalです。身長165cm、体重55kgの人が分速160mで走ると、1分間に使うエネルギーは8.21kcalになります。つまりグリコ一粒で1.95分、約300m走れることになります。」

【出典】江崎グリコのサイト「江崎記念館」にある「会社の歴史・グリコーゲンと栄養菓子グリコ」より。
「江崎記念館」のサイトには、江崎利一を紹介した紙芝居風の動画もあり、たいへん興味深い。

子どもが理科に夢中になる授業

総合 -1   小6、中3

ピーナツでお湯が沸く？

　ピーナツは油を含んでいるので燃える。ピーナツ1粒で、試験管に入れた水を沸騰させることができる。20cmぐらいに切った針金の先を鉛筆などに巻いて、ピーナツを支えられるようにする。ピーナツを熱すると油がしみ出て燃えはじめる。試験管に3cm程度の水を入れて、燃えているピーナツの上にかざす。しばらくたつと、水が沸騰する。

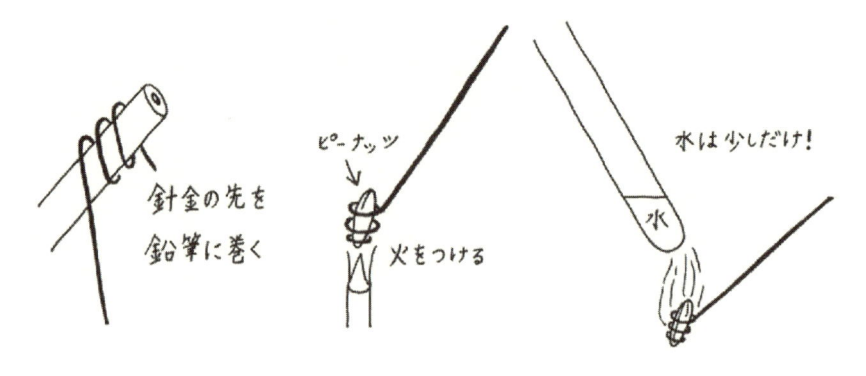

　ピーナツの袋にある栄養成分表示を見ると、100gあたり588kcalとある。1gあたり6kcalである。1gのピーナツを完全に燃やすと6kcalの熱が出るということだ。6kcal＝6000calなので、60gの水の温度を100℃あげることができる。

　もちろん、この数字は理想的に燃焼し、すべての熱が水に吸収された場合の数字だ。私が中学校で生徒実験で行ったところ、この3分の1程度の温度上昇だった。残りの熱は、空気や入れ物を温めたことになる。

　さまざまな運動で、人間が1分間に消費するエネルギーを調べてみると、次のようになっている。（体重50kgの人の場合）

ジョギング（時速10km）、競泳 ……………………	9 kcal
サイクリング（時速20km）、バスケットボール ………	7 kcal
サッカー、テニス …………………………………………	6 kcal

　ピーナツ1粒（約1g）食べたら、サッカーやテニスが1分間できることになる。逆に、ピーナツを食べて運動しないと、消費しきれない分は皮下脂肪として備蓄されることになる！

　海外の理科教科書には、健康や病気について日本より詳しく載っている。ダイエットがエネルギーの収支として、エネルギー単元に載っている。イギリスのある理科教科書には、イラスト入りで次のように載っている。

　2500kcal 運動で使い、2500kcal 食べる　→　体重は変わらない
　2000kcal 運動で使い、2500kcal 食べる　→　体重が増える
　3000kcal 運動で使い、2500kcal 食べる　→　体重が減る

　タイトルは、「The Energy Equation」、エネルギーのバランスである。
※cal という単位は、J（ジュール）に移行していく。1 cal = 4.2 J だ。

　ピーナツ油は、落花生が光合成で光エネルギーを利用して作ったものだ。エネルギーの目で見ると、光エネルギーが光合成によって、ピーナツ油の化学エネルギーになったことになる。

　食物連鎖は、エネルギーの連鎖でもある。私たちが、ピーナツだけでなくいろいろな食べ物を食べて運動しているのも、元をたどれば、太陽の光エネルギーを利用していることになる。

　ピーナツ油の中の炭素原子は、元は空気中の二酸化炭素にあった炭素原子であるので、ピーナツ油を燃やして発生した二酸化炭素は、プラスマイナスゼロと見なすことができる。ピーナツ油はバイオ燃料なのだ。

　ドイツのルドルフ・ディーゼルが1892年に発明したディーゼルエンジンは、ピーナツ油が燃料だった。しかし、発明後、石油が大量に安定して入手できるようになり、ピーナツ油は使われなくなっていた。

　現在、化石燃料の消費を減らすため、菜種油などをディーゼルエンジンの燃料（バイオ燃料）として使うことが注目されている。

総合-2

小6、中学

人間のはく二酸化炭素で地球温暖化になるか？

　二酸化炭素増加による地球温暖化が心配されているが、人間が呼吸ではき出す二酸化炭素は、地球温暖化につながらないのだろうか？
　大学生に問いかけると、「人間の数は少ないから大丈夫」とか「息を止めるわけにはいかないから規制できない」などという意見が出るが、的確な説明にはなっていない。次のように学生に説明している。

人間が呼吸で出す二酸化炭素
①人間はご飯やパンなどを食べ、それらがもっている化学エネルギーを熱エネルギーや運動エネルギーにして生きている。
②イネやコムギは、光合成により空気中の二酸化炭素をでんぷんなどに変えている。
③今日食べたご飯に使われたイネやコムギはいつ、光合成をしたのか？
　→去年
④去年空気中にあった二酸化炭素が、光合成ででんぷんになり人間が食べて、呼吸で再び空気中に放出される。
⑤数年間のスパンで見れば、二酸化炭素の増減はプラスマイナスゼロだ。

化石燃料の燃焼で出る二酸化炭素
①石油や石炭は、藻類や植物が地層の中に埋もれて変化してできた。
②石油や石炭のもとになる植物は、いつ光合成をしたのか？
　→数千万年、数億年前
③大昔の大気中にあった二酸化炭素が光合成で有機物になり、地下に埋もれていた。それを今、人間が掘り起こし、燃やして二酸化炭素を発生させている。
④化石燃料の燃焼で、二酸化炭素は確実に増える。

総合

　人間の呼吸と同様に、植物から作ったバイオエタノールも、燃焼させても二酸化炭素は増加しない。プラスマイナスゼロである。これを「カーボンニュートラル」といっている。図示すると、下の左のようになる。

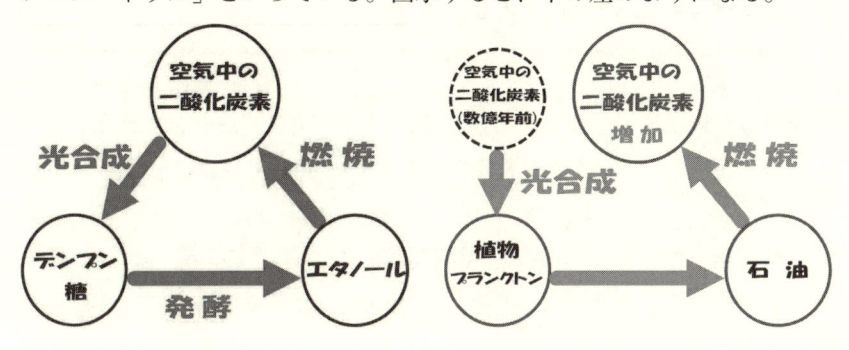

　だから、数年前、バイオエタノールが環境問題の救世主のようにもてはやされたのである。しかし、その後、食料の値上がりなど問題が生じた。
　そもそも、バイオエタノールを作る際に、化石燃料を使っていることを考慮しなくてはならない。

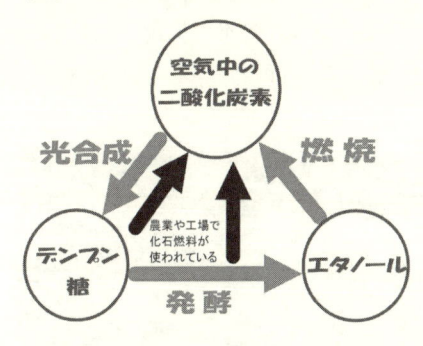

　光合成で二酸化炭素からでんぷんを作っているのは植物だが、農業ではトラクターや肥料、農薬などが化石燃料を消費して動いたり作られたりしている。
　工場でエタノールを作る過程でも輸送や製造に化石燃料が使われている。

　バイオエタノールを化石燃料の代わりに使えば、二酸化炭素増加を減らすことができるが、現状ではその効果はそれほど大きくはないといわれている。

子どもが理科に夢中になる授業

総合-3

小6、中学

ｐｐｍって何だろう？

　今回の学習指導要領改訂では、中学理科で「質量パーセント濃度」が復活した。平成10年の学習指導要領改訂では、濃度計算はカットされていたのだ。

　パーセント濃度とあわせて、環境問題でよく登場するppmについても紹介しておきたい。そうしないと、100ppmの方が1％より濃いと思う生徒が続出してしまう。

　100分の1が1パーセント（セントは100、パー・セントで100あたりの比率）、100万分の1が1ppm（パート・パー・ミリオンの略、100万あたりの比率）であることを紹介したい。

　言葉や数字だけでなく、実際に薄めながら体験させる方法を紹介する。SEPUPというアメリカの理科教育プログラムの「水溶液と廃液」というモジュールにある「連続希釈」という方法である。日本では理科教材会社のナリカから販売されている。（トレイだけでも購入できるし、類似の道具で実施することもできる。）

　パレットのようにくぼみがあるSEPUPトレイを用いる。1番のくぼみに、10％食紅ボトルから10滴いれる。スポイトで吸って1滴だけ2番のくぼみに入れ、9滴の水を加える。

　2番の食紅は10倍に薄められたので濃度が1％になる。

　その2番の薄めた食紅を1滴だ

け3番に入れ水9滴を加えると、今度は0.1%だ。同様の操作を繰り返す。すると、6番目のカップでは1ppmに、9番目のカップでは1ppb（10億分の1）になる。

6番目の1ppmでも、ほんの少しだけ色がついているのが分かる。7番目以降は、無色である。

その無色の液に食紅は含まれているかどうか発問すれば、生徒は「目に見えなくても、ほんの少し入っている」と答える。

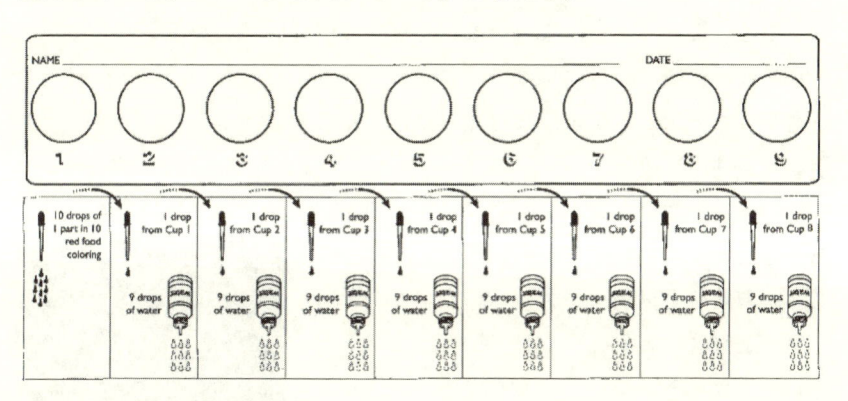

環境問題の新聞記事やニュースで見聞きするppmという単位をこのようにして実感させることができる。

🧑‍🏫 ワンポイントアドバイス　**1ppmを探そう**

1ppmにあたるものを、子どもたちに見つけさせるとおもしろい。例をあげる。

・埼玉県（人口約700万人）の中の7人。
・1円玉で100万円あったら、その中の1円玉1つ。
・新聞200ページ（朝刊で5日分）の中の1文字。

ちなみに、銀行の普通預金の金利0.02%は200ppmである。

【出典】トレイの図は、日本SEPUP研究会のワークシートより

子どもが理科に夢中になる授業

総合 -4　　　　　　　　　　　　　　　　　　全学年

マツの葉っぱで環境調査

　マツの葉の気孔は、へこんだ中にある。そのため、空気の中の汚れがたまりやすくなっている。マツの葉を顕微鏡で観察し、気孔の汚れ具合を調べることにより、大気汚染（粒子状物質）の度合いがわかる。
　粒子状物質には、車の排ガスのすすなどの人工的なもののほか、風で舞い上がった土ぼこりのような自然現象によるものがある。

用意するもの
マツの葉、顕微鏡、スライドガラス、セロハンテープ、ＬＥＤライト

方　法
①マツの葉を、スライドガラスにセロハンテープで貼り付ける。
②ＬＥＤライトで葉を照らしながら、顕微鏡で気孔を観察する。
③視野の中にある気孔の数（Ａ）、微粒子が詰まっている気孔の数（Ｂ）を数える。
④詰まっている比率＝Ｂ÷Ａ×100（％）を計算する。
※観測数が多い方が正確になるので、同じ場所の葉を何人かで数えて合計するとよい。
　その年に伸びた枝の葉で統一して葉を集めるようにする。そうしないと、微粒子にさらされている期間が異なってしまう。
⑤調べた結果を地図に表示すると、どのような場所が汚れが多いかわかる。

【出典】岩波洋造ほか『絵をみてできる生物実験　Part 2』講談社サイエンティフィック

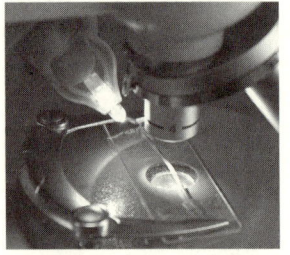

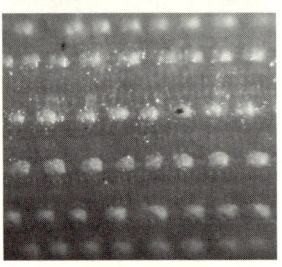

全学年

5- 総合

パックテストでCODをはかろう

　CODは、化学的酸素要求量（Chemical Oxygen Demand）の略である。川や池の水に含まれる有機物が分解されるときに、酸素が使われる。その消費される酸素の量を示すのがCODだ。

　家庭などから河川に排出された有機物が分解されるときに、水中の酸素が使われる。有機物がたくさんあると、その分、多くの酸素が消費され、魚などの生物が生きていくのに必要な酸素が不足して、魚が死んだりする。

　たとえば、ヤマメやイワナはCODが1mg/L（1Lあたり1mg）以下、サケやアユは3mg/L以下、コイやフナは5mg/L以下の環境で住めるといわれている。

　水1Lの重さは1kgである。1mgは1kgの100万分の1なので、1mg/Lは1ppmにあたる。

　CODは、家庭排水や工場排水の有機物を、化学変化を利用して間接的に測定している。学校などでCODを測定するには、簡易測定用のCODパックテストを用いるとよい。

　パックテストは、薬剤がポリエチレンチューブに密閉されている。糸を引き抜いて穴を開けて、空気を押し出して調べる液を吸い込ませる。よく振って、所定の時間（温度による）だけ、置いておく。時間になったら、色見本と比べてCOD濃度を判定する。時間がたつとどんどん色が変わっていくので、時間をきちんと計って色を判定する必要がある。

ワンポイントアドバイス　水質検査にパックテストが便利

　パックテスト（共立理化学研究所）は、COD以外にも、酸性雨調査用や川の水質検査用に、各種用意されている。

総合-6　地球温暖化でツバルが沈むはウソ？

全学年

　地球温暖化問題についてのホームページや本などに「海面上昇で水没の危機にあるツバル」として、わき出した海水で水浸しになった広場の写真がよく使われている。きっと読者の方も、一度は見たことがあるだろう。

　しかし、水浸しになっているのはツバル全体でもないし、その島全体ではなく、ごく局所的な現象なのだ。つまり、海面上昇以外の原因があるのだ。水没した広場の写真を「地球温暖化の海面上昇の影響でこうなった」と子どもたちに見せていたら、ウソを教えていることになる。

　そもそも、海面が上昇しているなら、世界中どこでも同じような現象が起こるはずだ。「ツバルで海面上昇して、東京湾では海面上昇しないのは変だ」と、小学生だって疑問に思うはずだ。

　外務省の「わかる！国際情勢」というサイトには、「水没が懸念される国々～ツバルを通してみる太平洋島嶼国」というページがある。

　「ツバルの海岸浸食、浸水の原因は、海面上昇だけではない」とあり、次のような要因が挙げられている。

①第二次大戦中、アメリカ軍の飛行場建設の際に土砂を掘り起こしてできたくぼみからの湧水
②首都に人口が集中し、今まで人が住んでいなかった低い土地にも人が住むようになった。
③生活排水による汚染で有孔虫が激減し、海岸の砂＝「星の砂」が減った。

　環境省の研究成果報告書「環礁州島からなる島嶼国の持続可能な国土の維持に関する研究（平成15年度～19年度）」には、「複合する危機」として、ツバルでの現象について地球温暖化のようなグローバルな要因と、人

口増加や経済活動のようなローカルな要因があると指摘している。
　そして、「現在発生している問題は主にローカルな要因によるものである」としている。
　ツバルのある広場で水が湧き出す現象は、環境問題であることは事実である。しかし、原因は一つではない。地球温暖化は主因ではないのだ。
　多くのマスコミ関係者たちはツバルに来て、「水が湧き出す広場」の写真を撮って帰り、あたかもツバル全体が沈むかのように紹介していたのだ。
　ツバルを何年も訪れている「もんでん奈津代」氏は、ホームページ「天国に一番近い島　ツバルにて」に、次のように書いている。

> すべての「沈むツバル」報道は、9つの島のうち一番海抜が低い首都の島のみでの取材にもとづいていた、ということ。
> 　　　　　　　　　　　2008年版序章「海に沈むより先に」より

　同氏は、「環境問題においては、誇張と、短絡化、多様な他要素の見落としは、危険です。」といっている。
　教師は、わかりやすく原因と結果を結びつけて子どもたちに紹介することが多い。しかし、環境問題は原因が1つでないことや原因がまだ分かっていないことも多い。マスコミが流している都合のよい映像を繰り返し見ていると、特定の因果関係を刷り込まれてしまっている危険もある。
　子どもたちに「地球温暖化で沈むツバル」と短絡的に教え込まないように注意したい。

ワンポイントアドバイス　ツバルについてもっと知るには

　もんでん奈津代氏のホームページには、『国際開発ジャーナル』誌に掲載された太平洋諸島地域研究者の小林泉氏の記事が紹介されている。
　なぜ「沈むツバル」となったのかご覧いただきたい。

授業づくり-1

教材研究・授業づくりのポイント

①学習指導要領、および解説を読む

　何を教えることが求められているのか。
　どのように教えることが求められているのか。
　「観察実験を行い……」　「理解させる」　「……に触れる」
　批判的に読むことも必要。学習指導要領が完璧とは限らない。
※過去の学習指導要領も調べられるサイト
　http://www.nicer.go.jp/guideline/old/
　http://ibuki.ha.shotoku.ac.jp/~ishihara/shidou/shidou_index.html

②複数の教科書を比較検討する

　小学校では、子どもたちの使っている教科書通りに授業を進めるのが基本だが、教科書会社によって単元構成や教材が違うことがある。いろいろな会社の教科書を読み比べることは教材研究に役立つ。
　「こうすればもっとわかりやすいはず」と、教科書を批判的に読むことも必要。ごくまれだが、ときには間違っていることもある。教科書会社に問い合わせてみるのもよい。

③情報をより広く収集するために

　実験書や月刊誌など、一般の書籍も参考にするとよい。本代をおしまないようにしよう。
※ネット上に文科省や教育センターの資料が公開されている。
文部科学省『小学校理科の観察、実験の手引き』
http://www.mext.go.jp/a_menu/shotou/new-cs/senseiouen/1304649.htm

静岡県総合教育センター『小学校理科　観察・実験集』
http://curri.shizuoka-c.ed.jp/cpc/Web/kannsatujikennsyuu/index.html
大阪府教育センター『小・中学校「理科」観察・実験教材集』
http://www.osaka-c.ed.jp/sog/kankoubutu21/kankoubutu2105/5science%20PT.pdf

④**授業の設計**
　まずは、単元、授業の流れを考える。貫く柱は何か。次に、１時間ごとのテーマ（何を習得させるか、実験するか）。発問や指示、時間配分を考える。板書を考える。教師がたくさん書きすぎないように注意。

⑤**予備実験をする。ぶっつけ本番はダメ**
　事故防止に気をつける。子どもは想定外の行動をすることがある。
※教科書の指導書などに事故防止の留意点が載っているので必ずチェックしよう。薬品を使う実験では、濃度が違うと反応が起こらなかったり、反応が激しすぎて事故が起こったりする。

⑥**授業記録を残す**
　子どもの発言や実験データなどを記録しておこう。観察実験のようすや結果、板書をデジカメで撮影したり、子どものノートをコピーしておいたりするとよい。
　３日もたてば忘れてしまう。その日のうちに授業を振り返って改善点を書いておくようにしよう。次にその単元を授業する際に、とても役立つ。
※自分の授業をＩＣレコーダーやビデオに撮ってみるとよい。

⑦**先輩教師に話したり、研究会（サークルなど）で発表する**
　情報は発信するところに集まる。「いま、こういうのをやっている」だけでもよい。そうすると、アドバイスをもらえる。

子どもが理科に夢中になる授業

授業づくり-2

理科教師は寿司職人　〜ネタの仕入れからお店の経営まで〜

　私はセミナーなどで、理科教師を寿司職人にたとえて説明している。寿司職人との類似点が3つあるのだ。

　①よいネタを仕入れる………教材研究
　②にぎる腕を身につける……授業技量と観察実験の技能
　③お店の経営………………理科室経営

　私も含めて中学校の理科教師は、ネタに凝る傾向がある。中学教師はよいネタを持っているが、発問や板書など授業技量は、小学校の教師の方が優れていることが多い。小中学校の先生が、ぜひお互いの良さをサークルなどで学びあってほしい。

　各地の学校を訪問し、理科室を拝見する機会がある。理科室経営まで気を配っている時間的余裕がないのだろうか、殺風景だったり、何がどこにあるかの表示が十分でない理科室を見かけることがある。

展示物や掲示物の工夫

　私は、来るだけで楽しくなる理科室を目ざし、ぬいぐるみを置いたり、理科関係のポスターや生徒レポートなどを掲示していた。

表示の工夫

　整備された理科室は、どこに何があるか明確なので、子ども自身が必要なものを用意して片付けることができる。教師が楽になる。

　右の写真のように、黄色のビニルテープに油性ペンの黒で書くとはっ

きりとわかるし、水で濡れても大丈夫である。
　整備されていない理科室では、もの探しに時間がかかる。結局見つからず、実験なしで済ませてしまうということも生じる。
　右の写真は、川口市立領家小学校の理科室だ。
　引き出しに貼ってある写真と中のものが一致している。とてもわかりやすい表示だ。

収納の工夫

　きれいに収納してあると、気持ちがよい。戻すときも同じようにきれいに収納するようになる。そのためには、収納ボックスの規格の統一が欠かせない。種類をむやみに増やさず、サイズごとに限定したもので統一しておくと、積み重ねやすく、見た目もきれいになる。

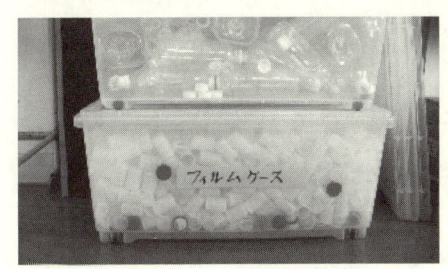

左上：衣装ケースの利用
右上：コンテナボックスの利用
右下：食品用密閉容器の利用
　いずれも半透明のものが便利だ。

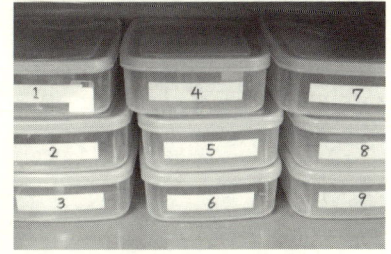

※特に断りのない写真は、小森の勤務した埼玉県蓮田南中学校で撮影。

授業づくり -3

小森の教師修業　～出会いが人生を豊かに変える～

　私は、工学部工業化学科の出身で、教育学部卒業ではない。19歳とき偶然見たテレビ番組から教育に関心をもちはじめた。その後、大学時代には斎藤喜博や仮説実験授業の本を読みあさった。

　1980年24歳で教師になり、スタートは仮説実験授業の「もしも原子が見えたなら」だった。

　毎日、受験生並みに授業の準備、勉強をした。中学校に今のようなコピー機がない時代だったので、授業書などをほとんど全部書き写した。生物や地学は高校1年以来、ほとんどやっていないような状態で、夏の大三角形も知らなかった。教科書や本を読んで予習したことを、次の日に授業するような状態だった。

　新任の年から、よい出会いがあった。理科が専門の校長で、私の授業をふらりと見に来てはアドバイスをして下さった。その校長が会長を務めていた地元の中学校の理科サークルに入った。小学校の恩師である鈴木秀三郎氏の小学校の理科サークルにも入って、勉強会や合宿に参加した。

　また、管理職に勧められて、先進校視察ということでソニー賞受賞校に行き、目標となるすばらしい理科教師、理科室に出会えた。理科に対する興味関心を自分が追究するテーマとし、「理科は感動だ！」というスローガンを掲げた。1982年から継続調査をして、そのデータを持って1985年から2年間、上越教育大学の大学院研修でまとめることができた。

　その間、ソニー賞最優秀校の全国大会に出かけ、たくさんの理科授業や理科室を見て回った。デジカメのない時代だったので、フィルムで何本も授業や理科室の写真を撮った。今でも、わが家には理科のアルバムが何冊もある。先進校での学びを自分の学校に活かし、ソニー賞に応募し、1989年と2003年には、最優秀校を受賞することができた。

授業づくり

　1987年から向山洋一氏の法則化運動に参加している。向山氏との出会いが、人生を大きく変えた。以来、「向山・小森型理科」を広めている。

　あこがれとなるようなすばらしい先輩教師、理科室との出会いが、何度もあった。本当に恵まれていた。出会いは大切にしたいものだ。

　海外での学び、刺激もたくさんあった。株式会社ナリカとのご縁で、アメリカの理科教育研究会であるＳＥＰＵＰ研究会のセミナーに参加した。毎日オールイングリッシュで、グループ発表などもあり四苦八苦したが、分厚い教科書や当時の日本の理科教育にはなかった意思決定など、ショックともいえるほどの刺激を受けて帰ってきた。

　1991年7月ハワイでの皆既日食、2001年1月カナダでのオーロラ、2009年7月中国での皆既日食の観察なども、生でなくては味わえないすばらしい経験だった。夏の大三角形も知らなかったのに、このように天体にのめり込んだのも出会いだった。新任の同期の1人と気が合い親しくなり、最初のボーナスで一緒に一眼レフカメラを買いに出かけ、現像や焼き付けをするようになった。冬休みに、2人で校舎の屋上で星の写真撮影に挑戦したところ、予想以上にきれいに星が写っていて、のめり込んでしまった。

　その後、星好きの生徒と天文同好会をつくって天文雑誌に投稿したところ、県内外の星好きの方とおつきあいが始まった。

　1995年1月の筑波隕石の際も、パソコン通信で授業での取り組みを紹介したところ、ＮＨＫが取材にきた。また、当時蓮田市内で天文関係の仕事をしていた船本成克氏から声をかけていただき、現在までずっと星空観察会などの支援をいただいている。

　今振り返ると、このように数多くの方との出会いがあったのも、自分から情報発信したり、出かけたりしたことがきっかけとなっている。

　今はインターネットなど情報通信手段が格段によくなっている。読者のみなさんにも、どんどん情報を発信をしていただくとともに、実際に足を運び、直接多くの人と出会い、交流を深めていただければと願う。

授業づくり -4

小森のライフワーク　～理科好き100万人計画～

　2008年4月、定年を待たずに早期退職し、「理科教育コンサルタント」なる仕事を開始した。公務員から自営業となるのは、一大決心だった。
　「たくさんの先生方や教師を目指す学生たちに理科の楽しさを伝えたい。子どもたちが感動し熱中する理科授業のポイント、来るだけで楽しくなる理科室づくりのコツを伝えたい。そのために残りの人生をかけよう」と決意した。
　一人の先生は、教師生活で約1000人の子どもたちに出会う。子どもたちを理科好きにする先生を1000人育てたら、1000×1000で100万人の子どもたちを理科好きにできると考えた。
　そのために、先生方が月曜から金曜の学校の授業で、子どもたちを理科好きにするのを支援する、理科教育コンサルタントという職業を開始した。私がアメリカSEPUP研修の際にお世話になった方の名刺に、Science Education Consultant とあったのだ。
　現在、非常勤講師として大学で理科指導法Aを担当している。できるだけ理科の楽しさを伝えようと、実験器具を持ち込んで実験を取り入れて授業をしている。毎週水曜の夜には、ナリカ・サイエンス・アカデミーという少人数の実験実技研修会を開催している。そのほか、ナリカの支援をいただき、理科教育推進実験セミナーを各地で開催している。
　また、保育園で毎週科学あそびを担当している。保育園での実践から、シングル・エイジ・サイエンスと名づけて、9歳までの理科教育の推進を提案している。
　フェイスブックで、情報発信しているのでご覧いただくとありがたい。「日本理科教育支援センター」http://www.facebook.com/rika.suki

授業づくり

5- 授業づくり

笑顔で楽しそうに授業しよう　～あとがきにかえて～

　私は子どものころから、理科が大好きだった。小学生のころの鉄腕アトム、中学生のころのアポロ計画などの影響で、将来の夢は科学者だった。

　中学校の理科教師になっても、理科好きは変わっていなかった。授業中も、楽しくてしようがない。顕微鏡観察でいいものが見えると、生徒と一緒に喜んでいた。「生徒より喜んでいる！」と言われたこともある。

　中1から持ち上がりで理科を担当していた生徒が、3年生になってから書いた感想に、次のようにあった。

　「小森先生の一番最初の授業がとても印象に残っています。一円玉などが磁石にくっつくかどうかという実験でした。その実験をする小森先生が、とっても楽しそうにうれしそうな顔で話をしていました。（中略）小森先生が、本当に理科が大好きで、『理科は感動だ！』って言っているから、なんだか私まで楽しくなる感じがします。」

　大学で担当した学生の感想にも同じようなことが書いてあった。「小森先生はいつも楽しそうに実験や説明をされるので、私も楽しくなります！教師が授業を楽しむことで子どもも授業を楽しむことができるのだなと思います。」

　エネルギーや環境教育のセミナーでご指導いただいている神田啓治氏（京都大学名誉教授）は、いつも次のように言っている。

　「先生が楽しそうに、うれしそうに授業することが、理科好きな子どもたちを育てるのです」

　ぜひ、先生の笑顔で理科の楽しさを子どもたちに伝えていきましょう。

索引

[あ行]

アルコールランプ 12
安全めがね 7,36
アントシアニン 46
アンモニア 30,36,38,47,50,154
引火 12,15,31,33
薄め方 51,63
塩酸の濃度 37,51,56
温度計 16

[か行]

回路 64,66,69,74
化学実験 6,56,65
花こう岩 104
火山（火山灰） 100,102,106
化石 112
化石燃料 157,158
加熱器具 12,14
河原 108
寒剤 20,31
感電 64
乾電池のつなぎ方 68
ガス残量チェッカー 11
ガスバーナー 10,13,56,105
ガラス管 9,10,76
ガラス管切り 10
気圧 16
規格を統一 8,124
気孔 123,134,162
吸収 137,142,144,154,156
血液 142,146,148,151
血管 142,146,149,150

結晶 23,59,121
顕微鏡写真 122
劇物 37
光合成 14,25,42,127,130,157,158
公転 92,94,98
鉱物 103,105,106,112,123
コンデンサー 68,72,74
ゴム管 9,28,71
ゴム栓ゲージ 10

[さ行]

酸素 18,26,29,30,32,82,163
しぼり 120
写真撮影 121,171
消化 140,142
消石灰 34
小腸 142,144,154
ショート 64
心臓 147,150
ＣＣＤカメラ 17,48
事故防止 6,37,63,167
磁石 11,85,107,173
地震 114,116
実験用ガスコンロ 13,23
自転 92,94,97
重曹 36,40,45,47,100
状態変化 15,17,19,20
蒸発皿 23,106
水酸化ナトリウム 36,52,54,57,59
水蒸気 16,18,24,50
水素 18,30,32,54,56,82
水溶液の濃さ 57

石灰水 29,34,47
ゼネコン 72

[た行]
太陽電池 71,80
だ液 140,142
地球温暖化 24,158,164
窒素 24,29,30
中和 53,58
チューリップ 126,128
直列 68,69
ツバル 164
手回し発電機 70,72,74
デジタルカメラ（デジカメ） ....
.... 122,124,131,149,167,170
電圧 64,68,70,72,76,80
電熱線 76,78
でんぷん 130
電力 14,77
道管 132
ドジョウ 148

[な行]
二酸化炭素濃度 25
ニワトリ 150,152
燃料電池 80,82
脳 152

[は行]
ハイブリッド 74
発光ダイオード 68,71,73,92,121
発熱 52,76,78
爆発 32,82
パックテスト 163
ビニル管 9
ＢＴＢ溶液 39,40,42,45,57,59
pH 63
ピーナツ 156

ｐｐｍ 160
フィルムケース 11,15,38,41,102,105
沸騰石 17
沸騰 15,16,18,31,47,156
振れ幅 84
ふりこ 65,84
ブレーカー 15
並列 15,68,69,93
保護めがね 7,53,55,103

[ま行]
マグネットスターラー 11,17
摩擦 71,75,84
マッチ 7,12,27,31,32
密度 21,60
ミニ定規 118
紫キャベツ 44,46,63
モーター 68,70,75

[や行]
薬品庫 37
湯気 15,18
ヨウ素液 43,130,140
葉脈 54,136

[ら行]
ライフ・サイクル・アセスメント 81
理科室経営 168
リトマス 11,38,48,57,58,61
ろうと 9,28,55
ロウ 15,21,26,29,76

[わ行]
割れる 6,8,23,26,43

★同一テーマで見開きの両ページに出る
　言葉は、左ページのみ表示

◎監修者紹介

向山洋一（むこうやま よういち）

東京生まれ。1968年東京学芸大学卒業後、東京都大田区立小学校の教師となり、2000年3月に退職。1984年に全国の優れた教育技術を集め、教師の共有財産にする「教育技術法則化運動」TOSS（トス：Teacher's Organization of Skill Sharingの略）を始め、現在もその代表を務め、日本の教育界に多大な影響を与えている。日本教育技術学会会長、日本言語技術教育学会副会長。

◎著者略歴

小森栄治（こもり えいじ）

1956年埼玉県生まれ。東京大学工学系大学院・修士課程修了。
1980年から28年間、埼玉県内の公立中学校に勤務。2008年理科教育コンサルタント業を開始。理科の楽しさを全国に伝えている。1989年、2003年ソニー賞最優秀校を受賞。2007年第1回文部科学大臣表彰。
【おもな役職等】向山・小森型理科研究会代表、日本理科教育支援センター代表、日本ＳＥＰＵＰ研究会会長、ナリカ・サイエンス・アカデミー公認トレーナー、埼玉大学非常勤講師、鷲宮保育園講師（かがく遊び）
【主な著書】（編著を含む）
『理科の学力向上策』（明治図書、2004年）、『中学理科の授業開き』（同、2006年）、『高校入試問題を中学理科で授業する』（同、2006年）、『考えまとめ発表する かんたん実験 理科のタネ』全3巻（光村教育図書、2008年）、『理科は感動だ！』〜子どもたちを理科好きに』著作集第1巻（明治図書、2008年）、『理科は感動だ！』〜子どもが熱中する理科授業づくり』著作集第2巻（同、2010年）
フェイスブック「日本理科教育支援センター」で情報発信中。

子(こ)どもが理科(りか)に夢中(むちゅう)になる授業(じゅぎょう)

2012年4月29日　初版発行

監　修　　向山洋一(むこうやま よういち)
著　者　　小森栄治(こもり えいじ)
発行者　　青木誠一郎
発行所　　株式会社 学芸みらい社
　　　　　〒162-0833 東京都新宿区箪笥町43番 新神楽坂ビル
　　　　　電話番号 03-5227-1266
　　　　　http://www.gakugeimirai.com/
　　　　　E-mail : info@gakugeimirai.com
印刷所・製本所　　藤原印刷株式会社
ブックデザイン　　荒木香樹
イラスト　　　　　岩野紀子、松本春佳
写真提供　　　　　株式会社ナリカ、富山県花卉(かき)球根農業協同組合

落丁・乱丁本は弊社宛お送りください。送料弊社負担でお取り替えいたします。

©Eiji Komori 2012 Printed in Japan
ISBN978-4-905374-07-7　C3037